Berichterstatter: Professor Dr. C. H. Becker.

Separatabdruck aus „Der Islam“ Bd. VII, 1916.
Verlag Karl J. Trübner, Straßburg.

Das wichtige Problem der wirtschaftlichen Entwicklung des mittelalterlichen Orients hat man erst in neuerer Zeit begonnen, in seiner Bedeutung für das Verständnis nicht nur der gegenwärtigen Verhältnisse des islamischen Orients, sondern auch der wirtschaftlichen Struktur des abendländischen Mittelalters recht zu würdigen. Sind immerhin die europäischen Quellen, die das Material zu einer Darstellung der mittelalterlichen Handelsbeziehungen zwischen Morgen- und Abendland und damit auch einer Seite der Wirtschaftsgeschichte des Orients bilden, schon zum großen Teil in vorbildlicher Weise verarbeitet worden [1]), so hat die entsprechende Durchforschung der Literatur der islamischen Völker selbst kaum noch angefangen [2]). Und an orientalischen Quellen ist kein Mangel. Die ganze Fülle der islamischen historischen, geographischen, ja auch der Unterhaltungs- und bis zu einem gewissen Grade der theologischen Literatur kommt als Quelle in Betracht und liefert ein überaus reiches Material. Doch es erhebt sich die Frage, ob denn die Muslime nicht selbst das wirtschaftliche Leben und seine Probleme zum Gegenstande theoretischer Betrachtung gemacht haben. Und wenn das der Fall ist, so ergibt sich die weitere Frage, die man bei fast allen geistigen Erzeugnissen, die der islamische Orient hervorgebracht hat, schon lange zu stellen gelernt hat, nicht ob, sondern wieweit die in solchen Schriften geäußer-

---

[1]) HEYD, *Geschichte des Levantehandels*; SCHAUBE, *Handelsgeschichte der Romanischen Völker des Mittelmeergebiets bis zum Ende der Kreuzzüge*.

[2]) Genannt seien die Arbeiten von JACOB, BECKER und DE GOEJE (*Internationaal Handelsverkeer in de middeleeuwen* aus Verslagen en Mededeelingen K. Akademie van Wetensch., Letterkunde 4e Recks, Deel IX; 1908; und *Intern. Wochenschrift* vom 1. Dez. 1907).

ten Gedanken auf den Einfluß fremder Geisteskultur zurückzuführen sind.

In der vorliegenden Arbeit, die auf Anregung von Prof. BECKER entstanden ist, soll von einem Buche aus dem arabischen Mittelalter die Rede sein, das seinem Inhalte nach geeignet erscheint, zur Beantwortung dieser Fragen beizutragen. Der Titel dieses Buches lautet: *Kitāb al-išāra ilà maḥāsin at-tiǧāra wa maʿrifat ǧajjid al-aʿrāḍ wa radīʾiha wa ǵušūš al-mudallisīn fīhā.*

(Das Buch des Hinweises auf die Schönheiten des Handels und die Kenntnis der guten und schlechten Waren und die Fälschungen der Betrüger an ihnen.)

Es ist von einem Anonymus nach zwei Damaszener Handschriften, von denen die bessere später der Khedivialbibliothek zu Kairo einverleibt worden ist (sie fehlt aber im Katalog), herausgegeben und in der Druckerei des *Muʾajjad* zu Kairo (im Jahre 1318) gedruckt worden. Über den Verfasser, Scheiḫ abū l-Faḍl Ǧaʿfar b. ʿAlī ad-Dimišqī, ist noch nichts bekannt. Daher fehlt auch jede Nachricht über die Abfassungszeit des Buches. Doch läßt sich aus einigen Indizien sein Alter wenigstens ungefähr bestimmen. Terminus ad quem ist das Jahr 570/1174, aus dem die Kairoer Handschrift stammt. Am Ende dieser Handschrift findet sich nämlich folgender Vermerk des Kopisten: »Zu Ende ist das Buch des Hinweises auf die Schönheiten des Handels durch Gottes Güte und Huld — und Gott segne Muhammed, seinen Propheten —. Es wurde fertig zur Zeit des Mittagsgebetes am 6. Ramaḍān des Jahres 570, Gott vergebe seinem Schreiber und seinem Besitzer, Amen« etc. Einen freilich nicht genau fixierbaren Terminus a quo gibt die Erzählung des Verfassers, daß er einst auf dem Markte in Tripolis in Syrien eine Silbermünze in indischer Schrift in die Hand bekommen habe, die auf der einen Seite das Bild eines Reiters und auf der anderen das eines Ochsen getragen habe, und damals in Ghazna im Umlauf gewesen sei. Nach einer gütigen Mitteilung von Herrn Professor RAPSON, Cambridge, kann damit nur eine der sogenannten »Ochs- und Reitermünzen« gemeint sein, die von der Dynastie der Brāhman Ṣāhis von Ghandhāra [1]) vom Jahre 860—951 n. Chr. = 246—367 d. H. geschlagen wurden (RAPSON, *Indian Coins*, im *Grundriß der indo-arischen Philologie*, S. 32). Die Mitte des dritten Jahrhunderts ist auch die Todeszeit der beiden spätesten, vom Verfasser zitierten Autoren: Al-Ǧāḥiẓ † 255 und Al-Kindī † um 255. Der Verfasser hat demnach zwischen 250 und 570 H. gelebt, also im 9.—12. Jahr-

[1]) Über die Anfänge dieser Dynastie vgl. Albērūnī, *India*, übers. v. SACHAU II, S. 13.

hundert unserer Zeitrechnung. Er hat also die Blütezeit des orientalischen Handels miterlebt. Eine Ansetzung etwa in den Anfang des 4. Jahrhunderts d. H. dürfte nicht zu kühn erscheinen, doch hält Prof. Becker das 5.—6. Jahrhundert für wahrscheinlicher. Daß das Buch in Syrien, speziell in Damaskus verfaßt sein wird, legt die Nisbe des Verfassers nahe, wie der Umstand, daß die beiden Handschriften dorther stammen.

Bisher ist die *Išāra* des Dimišqī noch nicht eingehender untersucht worden, doch hat E. Wiedemann schon einige Auszüge daraus in seinen *Beiträgen zur Geschichte der Naturwissenschaften* XXX und XXXII (SB. Phys. Med. Soz. Erlangen, Bd. 44 und 45) übersetzt und erklärt, und zwar folgende Stücke:

Arab. Text S. 6—8 Edelmetallprüfung in *Beiträge* XXXII (Bd. 45) S. 35—38
„ „ „ 12—18 Edelsteine in *Beiträge* XXX (Bd. 44) S. 231—35
„ „ „ 19—25 Wohlgerüche, Drogen usw. in *Beiträge* XXXII (Bd. 45) S. 38—45
„ „ „ 28—33 Metalle und Nahrungsmittel in *Beiträge* XXXII (Bd. 45) S. 46—52
„ „ „ 39—40 Über Besitzerwerb (Auszug) in *Beiträge* XXXII (Bd. 45) S. 53—54
„ „ „ 41—43 Handwerke in *Beiträge* XXXII (Bd. 45) S. 52—53
„ „ „ 64—65 Indische Münze in *Beiträge* XXX (Bd. 44) S. 230.

Das Büchlein will offenbar ein praktischer Ratgeber für Kaufleute sein. Äußerlich betrachtet, ordnet sich sein Inhalt folgendermaßen. Im ersten Kapitel: »Über die wahre Bedeutung des Besitztums« (*fī ḥaqīqat al-māl*) wird nach der Bemerkung, daß das Wort *māl* einen relativen Begriff ausdrücke, also für große und kleine Besitztümer gebraucht werden könne, eine Einteilung des Besitzes in Geld, Mobilien, Immobilien und lebende Wesen gegeben. Darauf folgt ein Kapitel über die Schönheit des Reichtums, der sich eine soziologisch-wirtschaftstheoretische Betrachtung über die Notwendigkeit des Geldes anschließt. Im nächsten Kapitel werden Prüfungsmethoden angegeben, das Geld auf seine Echtheit zu untersuchen. Das darauf folgende Kapitel: »Über die Waren« (*a'rāḍ*) enthält Ratschläge, wie man Waren aufbewahrt und einpackt. Das nächste Kapitel handelt: »Über die Kenntnis des mittleren Preises für alle Waren.« Dann folgt auf 26 Seiten eine ausführliche Warenkunde, überschrieben: »Über die Kenntnis der guten und schlechten Waren«, in der, der Einteilung der Güter in Kap. I folgend, eine große Menge von Waren und Verkaufsobjekten nach den verschiedenen Arten, nach den guten und schlechten Qualitäten etc. besprochen werden. — Der Rest des Buches ist folgendermaßen angeordnet: Über die verschiedenen Arten von Besitzerwerb (5 Kapitel). — Über die Handwerke (*ṣanā'i'*, Künste). — Nützliche Ratschläge für alle Kaufleute. — Über die Schönheiten des Handels. — Über die drei Arten der Kaufleute und das, was jeder von ihnen zu tun hat. — Warnung vor verschiedenen Betrügern (5 Kapitel). — Ratschlag für die Verwaltung des Vermögens (3 Kapitel). — Über die Notwendigkeit, das Vermögen zu hüten. — Den Schluß bilden Ermahnungen, das Vermögen nicht zu verschleudern und es recht anzuwenden, mit reichlichen Zitaten aus der schönen (*Adab*-) Literatur.

Dieser reiche Inhalt läßt sich, wie eine nähere Betrachtung ergibt, in vier in sich geschlossene, inhaltlich voneinander verschiedene Teile zerlegen. Von der klar disponierten Warenkunde heben sich deutlich die Kapitel ab, die wirtschaftstheoretische Fragen, wie die Entstehung des Geldes, die verschiedenen Arten von Besitzerwerb und die rechte Verwaltung des Vermögens behandeln. Stilistisch unterscheiden sie sich von dem übrigen Text durch große Vorliebe für Aufzählungen und Einteilungen.

Eine dritte Gruppe läßt sich unter der Überschrift: Handelswissenschaftlicher (wenn dieser moderne Ausdruck gestattet ist) oder kaufmännischer Teil zusammenfassen. Die hierher gehörigen Kapitel sind zum Teil zwischen die wirtschaftstheoretischen eingeschoben. Dieser Teil umfaßt alles, was über Handel und Kaufmann speziell gesagt wird, auch die Kapitel über die Betrüger sind wohl dazu zu rechnen. Ein vierter, paränetischer Teil wird durch eine Sammlung von Ermahnungen, mit dem Gelde richtig umzugehen, gebildet, die das Buch beschließt. Es empfiehlt sich, diese vier Teile gesondert zu betrachten.

I. Der wirtschaftstheoretische Teil.

Es sei zunächst der Inhalt mitgeteilt: Das erste Kapitel, das zu dem wirtschaftstheoretischen Teile unseres Buches zu rechnen ist, ist das mit der Überschrift: »Darüber, warum das ‚stumme Gut' nötig ist« (S. 4) [1]. Es steht etwas isoliert am Anfang der Warenkunde, wohin es seinem Inhalte nach eigentlich nicht gehört. Der Grund für

[1]) Die Zahlen beziehen sich auf den arabischen Druck; da den unten gegebenen Auszügen die Seitenzahlen des Druckes beigefügt sind, kann die zitierte Stelle in der Übersetzung jeder Zeit schnell verglichen werden.

diese Ordnung liegt in der Disposition der Warenkunde, die in Kap. I mitgeteilt wird: Diese beginnt mit dem Gelde; und das war Grund genug für den Verfasser, alles, was über das Geld zu sagen war, in der Rubrik »Geld« der Warenkunde unterzubringen. Der Inhalt des Kapitels ist kurz folgender: Der Mensch hat im Unterschied zu den Tieren eine Zahl von Bedürfnissen — teils natürlichen, teils konventionellen —, die nur durch eine große Menge von Handfertigkeiten, die er allein auszuüben nicht imstande ist, befriedigt werden können. Daher wird die Arbeitsteilung notwendig, und es entstehen die verschiedenen Handwerke und Gewerbe. Da die Handwerke aber aufeinander angewiesen sind — der Baumeister bedarf des Zimmerers, dieser des Schmiedes usw. —, sind die Menschen zum Zusammenwohnen und zum Anlegen von Städten gezwungen, wo sie sich gegenseitig aushelfen können. Diese gegenseitige Aushilfe bringt aber Schwierigkeiten mit sich, denn die verschiedenen Bedürfnisse der Menschen passen weder zeitlich noch in der Art stets so zusammen, daß ein Austausch möglich wäre. Auch weiß man nicht den Wert der verschiedenen disparaten Güter und Arbeitsleistungen gegeneinander abzuwägen. Es stellt sich also das Bedürfnis nach einem allgemeinen Zahlmittel heraus, das zugleich als Wertmesser für alle Güter dienen kann, das Bedürfnis nach dem Gelde. — Der Verfasser stellt sich das Aufkommen des Geldes natürlich als in einen Akt konventioneller Festsetzung auf Grund planmäßiger Überlegung durch die »Alten« (*awā'il*) zusammengedrängt vor: Als sich das Bedürfnis nach einem allgemeinen Tauschmittel und Wertmesser fühlbar machte, sah man sich nach einem hierfür geeigneten Ding um, wählte aus der umgebenden Natur nach eingehender Prüfung die Minerale, daraus die Metalle und endlich Gold und Silber als am geeignetsten aus. Das Gold wird bald als das bessere von beiden erkannt, und das Wertverhältnis der beiden Edelmetalle durch Übereinkunft festgestellt. Manche Leute nehmen auch Kupfer als Zahlungsmittel an. Nun hat jeder, der die Edelmetalle besitzt, gewissermaßen jede gewünschte Art von Waren stets zur Hand.

Es folgt jetzt die Warenkunde; nach deren Abschluß kommt S. 38 eine bis ins einzelne gegliederte Einteilung der Erwerbsarten mit der Überschrift: »Über die Arten des Besitzerwerbs«: Der Erwerb von Besitz kann durch bewußte zweckentsprechende Tätigkeit entstehen oder ohne eigenes Zutun durch glückliche Zufälle (so z. B. Erbschaften und aufgefundene Schätze). Der Erwerb durch zielbewußtes Streben zerfällt in drei Arten: den Erwerb durch Gewalt (*mubālaġa*), den durch Kunst (*iḥtijāl* geschicktes Vorgehn) und den, der aus beiden zusammengesetzt ist.

Der Erwerb durch Gewalt ist entweder staatlich (*sulṭānīja*): Steuern etc., Kriegsbeute, Tribut, oder verbrecherisch (*ḫāriǧīja*): a) offen: Plünderung, Straßenraub, Überfall usw., b) geheim: Diebstahl.

Der Erwerb durch Kunst zerfällt gleichfalls in drei Gruppen: Gewerbe, Handel und aus beiden zusammengesetzter Erwerb.

Die Gewerbe zerfallen in »wissenschaftliche« (*ʿilmīja*): Grammatik, Geometrie usw. und praktische (*ʿamalīja*), zu deren Erlernung nur häufiges Zusehen und Übung nötig ist. Das sind: Weberei, Landwirtschaft, Flachskämmerei und dergleichen. Halb wissenschaftlich, halb praktisch sind die Arzneikunde, die Reitkunst, die Schreibkunst und dergleichen.

Die Kaufleute zerfallen wiederum in drei[1]) Klassen, das sind: 1. der reisende Kaufmann (*rakkāḍ*), 2. der aufspeichernde Kaufmann (*ḫazzān*), 3. der ausrüstende Kaufmann (*muǧahhiz*). Wie es drei Arten von Kaufleuten gibt, so auch eine dreifache Art des Geschäftsverkehrs: 1. Pränumerationskauf mit bestimmtem Termin (*salaf muʾaǧǧal*), 2. Kreditkauf mit Ratenzahlung (*istislāf munaǧǧam*), 3. Kommenda (*muqāraḍa*). Der Geldeintreiber (Steuerpächter, *mutaḍammin*) wird ausdrücklich als nicht zu den Kaufleuten gehörig ausgeschlossen.

Aus Gewerbe und Handel zusammengesetzt sind z. B. der Tuchhandel und der Handel mit Spezereien.

Eine Erwerbsart, die aus der Verbindung von Gewalt und Kunst besteht, ist der Handel, den die Regierung unter Anwendung von Gewaltmaßregeln treibt, sowie die Geschäfte der Steuerpächter und Kapitalisten, die durch Massenankauf den Markt zuungunsten der kleinen Leute beherrschen.

Im nächsten Kapitel wird die Rangordnung der verschiedenen Künste (*ṣanāʾiʿ*) besprochen. Sie ist von zwei Momenten abhängig, von dem Objekt und von dem Endzweck der betreffenden Kunst. Darauf wird ausgeführt, daß die Herrschaft der Welt zwischen Schwert und Feder, d. h. zwischen Königen, Emiren, Feldherren, Häuptlingen und dergleichen einerseits und Weziren, Sekretären, Richtern, Predigern und ihresgleichen andererseits geteilt ist.

Im nächsten scheint etwas ausgefallen zu sein. Es folgt eine dichterische Ermahnung, den Lebensunterhalt nicht auf niedrigem Wege zu suchen, und eine Ausführung über die praktischen Künste, zu denen man das Gegenstück, die wissenschaftlichen, vermißt. Dann wird dem Abscheu vor solchen Gewerben, die Schande (*ʿār*) bringen, wie die, die mit Weibern und Knaben zu tun haben, oder in mühseligen, unge-

---

[1]) Diese Dreiteilung ist eigentlich recht gekünstelt; denn es fehlt der Normaltypus des Kaufmanns, der gegen bar kauft und verkauft.

sunden Arbeiten bestehen, und vor den niedrigen Gewerben, die darin bestehen, daß man Beschimpfung, Ohrfeigen und Possentreiberei auf sich nimmt, Ausdruck verliehen.

Nachdem soeben von der Erwerbung des Vermögens (*iktisāb al-māl*) die Rede war, wenden wir uns jetzt mit Übergehung der folgenden kaufmännischen Kapitel dem Abschnitt über die Erhaltung des Vermögens (*ḥifẓ al-māl*) (S. 56 ff.) zu. Der Inhalt ist knapp zusammengefaßt folgender:

Bei der Erhaltung des Vermögens muß man sich vor folgendem hüten: 1. daß man nicht mehr ausgibt, als man einnimmt, 2. daß man nicht ebensoviel ausgibt, wie man einnimmt, 3. daß man seine Hand nicht ausstreckt nach etwas, das man nicht unterhalten kann, 4. daß man sein Geld nicht in Unternehmungen anlegt, die erst spät Ertrag bringen.

Das nächste Kapitel handelt über das, wovor man sich beim Ausgeben des Geldes zu hüten hat, und enthält knapp zusammengefaßt folgendes:

Beim Ausgeben des Geldes hat man sich vor folgendem zu hüten: 1. vor Geiz: er besteht darin, daß man sich den Pflichten des Edelmutes entzieht, 2. vor Knickerigkeit: daß man die unvermeidlichen Ausgaben, wie die für den Unterhalt der Familie, übermäßig einschränkt, 3. vor Verschwendung: daß man sich ganz den Leidenschaften und Vergnügungen ergibt, 4. vor Protzerei: daß man über seinen Stand hinauslebt, um zu prahlen, 5. vor schlechter Verwaltung: daß man ohne Nötigung ausgibt und die wichtige Sache vernachlässigt. — Zu jedem einzelnen Fehler werden einige praktische Beispiele gegeben.

Hierauf folgt (S. 58) nochmals mit neuer Überschrift ein Kapitel über die Vorsicht beim Ausgeben des Geldes. Es enthält Ratschläge für den Einkauf verschiedener Dinge. Man soll immer den Zeitpunkt abwarten, wo die Ware billig ist. — Schon aus der Trennung von den vorhergehenden Kapiteln darf man schließen, daß es nicht demselben Kontext angehört; von den vorhergehenden Kapiteln völlig verschieden, paßt es dagegen durchaus zu den praktischen Ratschlägen für Kaufleute, die der handelswissenschaftliche Teil enthält, und wird demgemäß unter diesem Teile mit aufzuführen sein.

Es ist schon oben darauf hingewiesen worden, daß der stilistische Charakter dieser ökonomischen Ausführungen, der sich von dem übrigen Teile des Buches stark unterscheidet, ein Anzeichen dafür ist, daß hier gewissermaßen ein Stück fremdes Tuch in das Gewebe eingefügt ist; es fragt sich nur, welches die Nisbe ist, die wir ihm zu geben haben.

Ehe wir aber darauf eingehen, muß darauf hingewiesen werden, daß die hier dargelegten wirtschaftstheoretischen Gedanken durchaus nicht isoliert in der arabischen Literatur stehen, sondern, um nur ein besonders bekanntes Beispiel [1]) zu nennen, auch bei Ibn Ḫaldūn eine sehr große Rolle spielen; wenn auch Wortlaut und Gliederung voneinander abweichen, an dem gedanklichen, ja literarischen Zusammenhang ist nicht zu zweifeln. So ist gleich die Begründung des »stummen Gutes« identisch mit Ibn Ḫaldūn's Darstellung von der Entstehung der Zivilisation [2]) — ein Gedankengang, der übrigens zweifellos in letzter Linie auf das I. Kapitel von Plato's *Politik* und verwandte Äußerungen griechischer Autoren zurückgeht. Ferner sind die Spekulationen Ibn Ḫaldūn's über den Erwerb des Lebensunterhalts [3]) ganz ähnlich aufgebaut wie die unseres Autors über den Vermögenserwerb, und das gleiche gilt von der Bewertung der Berufe [4]). Es ist hier nicht möglich, auf alle Berührungen und Unterschiede beider Autoren einzugehen; aber es ist wichtig, von vornherein festzustellen, daß diese wirtschaftstheoretischen Gedanken in der islamischen Welt weit verbreitet waren, und es fragt sich nun, wo sie herstammen.

Die Beziehungen zu Plato's *Politik* weisen nach Griechenland; doch werden wir von vornherein nicht in der klassischen, sondern in der hellenistischen Literaturepoche uns umzusehen haben.

Die aus der peripatetischen Schule stammende Einteilung der Philosophie in eine theoretische und praktische (letztere auch Ethik im weiteren Sinne genannt), wobei die praktische wiederum in die drei Teile Ethik (im engeren Sinne), Ökonomik und Politik zerfällt, ist auch von den Muslimen aufgenommen worden [5]), und zwar wird die Ethik

[1]) Ein anderes, namentlich für die Gliederung der Berufe charakteristisches Beispiel bieten die *Iḫwān aṣ-ṣafā*, besonders die beiden *Rasā'il* über die theoretischen und praktischen Wissenschaften (Orient. Ausg. Bd. I, Nr. 7 und 8); vergl. auch Dieterici, *Logik und Psychologie der Araber* S. 89 ff.; auch spätere Philosophen kämen in Frage; mit Absicht beschränkt sich die Untersuchung auf den ältesten erreichbaren arabischen Philosophen.

[2]) *Prolégomènes* I, 69 (übers. I, 86); ed. Kairo I, 34.

[3]) *Prolégomènes* II, 276 ff. (übers. II, 323 ff.); ed. Kairo I, 330.

[4]) *Prolégomènes* II, 316 (übers. II, 367); ed. Kairo I, 339.

[5]) Vergl. Horten, *Die Metaphysik Avicennas* S. 650. Man findet diese Einteilung fast in jeder Enzyklopädie, z. B. Sprenger, *Dictionary of the technical terms* S. 37 ff. Ibn Sīnā († 428/1037), *Aqsām al-ʿulūm al-ʿaqlīja* (Maǧmūʿat ar-rasāʾil, Kairo, Druckerei des Kurdistān al-ʿilmīja 1328) S. 230. Al-Akfānī († 799/1348) Br. II, 137, *Iršād al-qāṣid*, ed. Sprenger, Bibl. Ind., Calcutta 1849, S. 26 f.; Al-Āmulī († 753/1352) *Nafāʾis al-funūn fī ʿarāʾis al-ʿujūn*, Flügel, *Die arab., pers. und türk. Handschr. zu Wien* 1865; Bd. I S. 38, Ṭāšköprüzade († 968/1560 Br. II, 425) *Miftāḥ as-saʿāda* bei Ḥ. Ḫ. I, S. 31 f., Flügel l. c. S. 25 f. Haiderabader Druck I, 337 ff.

mit *ʿilm al-aḫlāq*, die Ökonomik mit *ʿilm tadbīr al-manzil* und die Politik mit *ʿilm as-sijāsa* wiedergegeben. In der reichen philosophischen Literatur der Araber finden sich demgemäß auch Werke, die sich speziell mit der praktischen Philosophie beschäftigen. Uns interessiert hier nur der zweite Teil der praktischen Philosophie, die Ökonomik. Es ist die Frage, ob die Muslime, wie die Griechen, selbständige Schriften über Ökonomik geschrieben haben. Steinschneider nennt (*Die hebräischen Übersetzungen des Mittelalters*, Berlin 1893, S. 228) eine im Escorial liegende Handschrift, die eine von einem Christen geschriebene Schrift über die Haushaltungskunst enthalten soll. Doch ist diese Handschrift bisher noch nicht näher untersucht worden. Wir müssen uns schon an die Schriften halten, die die praktische Philosophie als Ganzes behandeln. Derartige Handbücher der praktischen Philosophie, die Ethik, Ökonomik und Politik umfassen, sind z. B. die *Aḫlāq-i Nāṣiri*[1] des Nāṣir-eddīn aṭ-Ṭūsī († 655/1257) und die von ihnen abhängigen *Aḫlāq-i Ǧalālī*[2] des Ǧalāl-addīn Muḥammad b. Asʿad aṣ-Ṣiddīqī ad-Dawānī († 908/1502—3). Eine kleine arabische praktische Philosophie ist die *risāla aš-šāhīja fī ʿilm al-aḫlāq* des ʿAbderraḥmān b. Aḥmad al-Īǧī ʿAḍudaddīn († 756/1355) (Handschr. Berlin 5396). Erst nachdem ich diese drei Werke festgestellt hatte, macht mich Prof. Becker darauf aufmerksam, daß Ṭāšköprüzade in seiner großen Enzyklopädie *Miftāḥ as-saʿāda* (Haiderabader Druck) I, 339 gerade diese drei Werke als Standardwerke, die das Gesamtgebiet der praktischen Philosophie umfassen, aufführt und merkwürdigerweise außer einem Kommentar zu dem letztgenannten nur diese. Auf diese am Schluß der Politik aufgezählten Werke wird schon am Ende der Ökonomik hingewiesen, vermutlich weil es dort außer dem gleich zu besprechendem Werke von Brūš an Spezialliteratur fehlte.

Um so wichtiger ist uns eine andere alte Quelle: das arabische, angeblich für den Kalifen Al-Muʿtaṣim verfaßte *Kitāb sulūk al-mālik fī tadbīr al-mamālik* des Šihābaddīn Aḥmad b. Muḥammad b. abiʾr-Rabīʿ, Kairo 1286 (Br. I 209). Auch dieses Werk behandelt die drei Teile der praktischen Philosophie in kunstvoller Disposition. In ihm handelt der zweite Teil über ‚die Arten des vernünftigen Lebenswandels (*fī anwāʿ as-sīra al-ʿaqlīja*), in denen die Ökonomik nur einen Unterteil darstellt. Da dieses Buch bedeutend älter ist als die beiden erwähnten persischen, ja, überhaupt das älteste philosophische Buch in arabischer

[1] Zitiert nach der Ausgabe Bombay 1286. Vergl. Geiger und Kuhn, *Grundriß der iranischen Philologie* 2, 348.

[2] Vergl. Geiger und Kuhn, l. c. 2, 348.

Sprache sein soll, das sich uns erhalten hat (Br. l. c.), werden wir es billig der Vergleichung zugrunde legen[1]). Der ökonomische Teil beginnt mit einer Einleitung folgenden Inhalts (S. 74):

»Da der Mensch durch fortwährende Zersetzung abnahm, sah er sich genötigt, durch Speise das Verlorene zu ersetzen, und als er nach Speise suchte, fand er dazu am geeignetsten die Tiere und die Pflanzen, beide aber bedürfen besonderer Pflege. Die Tiere müssen in Obhut gehalten, gefüttert und vor Hitze und Kälte geschützt werden, die Pflanzen müssen gesät, bewässert und aufgezogen werden. Man mußte aber auch die Nahrungsmittel sammeln, und zu diesem Zwecke bedurfte man vieler anderer Gewerbe. Das ist der Grund, weshalb man Städte und Reiche anlegte. Doch werden wir das weiter unten im dritten Abschnitt des Buches besprechen[2]). Denn der Schreiner bedurfte des Schmiedes, dieser der Kunst der Bergleute, und diese der Baukunst. Wenn auch jedes Gewerbe in sich vollkommen war, so bedurfte es doch des anderen, wie die Glieder einer Kette aufeinander angewiesen sind. So war man genötigt, sich gegenseitig Hilfe zu leisten und sich zu unterstützen. Es war aber das Bedürfnis des einen meistens nicht zu derselben Zeit vorhanden, wie das seines Genossen, so daß sie sich hätten im Austausch helfen können. Auch kannte man nicht die Werte der Dinge und den Lohn für die Gewerbe; so stellte sich das Bedürfnis nach einer Sache ein, in der man den Preis für alle Dinge ansetzen, und an der man ihren verschiedenen Wert erkennen konnte. Und als nun der Mensch einer Sache bedurfte, von deren wertvoller Substanz er den Preis auszahlen und den Lohn abwägen konnte, hatte, wie aus dem Gesagten hervorgeht, derjenige, der die genannte Substanz besaß, gewissermaßen alle Arten von Dingen, deren er bedurfte, in seiner Hand.«

Diese Ausführungen braucht man nur mit dem ersten Hauptteil des Kapitels: »Über das Bedürfnis nach dem stummen Gut« unseres Buches (S. 6 ff.) zu vergleichen, um zu sehen, daß es dieselben Gedanken sind, die unser Autor wiedergibt. Der Anfang weicht ab, und die Ausführung ist bei unserem Buche etwas weitläufiger.

Ibn abi' r-Rabī' fährt fort: »Das Vermögen bedarf dreier Dinge:

---

[1]) Prof. Goldziher macht während des Druckes darauf aufmerksam, daß Girgī Zaidān in seinem *ta'rīḫ adab al-luġa al-'arabīja* II, 214 die Entstehung dieses Buches in viel spätere Zeit setzt. Goldziher hält die dafür gegebene Motivierung für triftig. Es war leider nicht möglich, das Buch selber zu beschaffen und zu vergleichen. Für den obigen Gedankengang ist das Alter des I. a. R. ja gleichgültig, da er nur einer von vielen verwandten Schriftstellern ist.

[2]) Dies geschieht S. 101 ff. im Anfang der Politik.

der Erwerbung, der Erhaltung und der Verausgabung. Bei der Erwerbung soll man folgende Fehler vermeiden: Ungerechtigkeit, d. i. mangelhaftes Zuwägen, schlechtes Füllen der Hohlmaße, Verweigerung des Rechtes, falsche Rechnung. Schande: Beschimpfung, Ohrfeigen, Verachtung und derartiges auf sich zu nehmen zum Zwecke des Erwerbes (vgl. unser Buch S. 93). Niedrige Gesinnung: Daß einer das Gewerbe seines Vaters ohne Not verläßt und sich einem niedrigen zuwendet.«

Die drei Dinge: Erwerbung, Erhaltung und Verausgabung entsprechen den Überschriften der Kapitel: »Über die Arten des Besitzerwerbes«, »Über die Erhaltung des Vermögens« und »Wovor man sich beim Ausgeben des Vermögens zu hüten hat«. Der obenstehende Inhalt des Abschnittes über die Erwerbung ist bei unserem Autor nur noch in Spuren wiederzufinden: Die »Ungerechtigkeit« ist wohl ausgelassen, weil später ausführlich von Betrügereien die Rede ist. Die »Schande« findet sich am Schlusse des Kapitels über die Handwerke wieder, die »niedrige Gesinnung« in demselben Kapitel etwas weiter oben, wo ein paar Verse zur Warnung vor Gewinnung des Lebensunterhaltes auf niedrigem Wege angeführt werden.

Wenn diese Parallelen noch nicht beweisend sind, so sind es gewiß die folgenden: Denn I. a. R. lehrt uns: Bei der Erhaltung des Vermögens muß man sich vor folgendem hüten: 1. daß man nicht mehr ausgibt, als man einnimmt, 2. daß man nicht ebensoviel ausgibt, wie man einnimmt, 3. daß man seine Hand nicht ausstreckt nach etwas, was man nicht unterhalten kann, 4. daß man sein Geld nicht in Unternehmungen anlegt, die erst spät Ertrag bringen werden. Es ist dies genau das, was wir oben als Inhalt des Kapitels über die Erhaltung des Vermögens anzugeben hatten. Es ist wieder dasselbe Verhältnis, das wir bei der Vergleichung der soziologischen Einleitung feststellten: I. a. R. bringt die ausführliche Darlegung unseres Verfassers in einer aufs kürzeste zusammengefaßten Form.

Nicht anders ist es mit dem nächsten Kapitel über die Ausgaben. Die Sätze I. a. R.'s finden sich wörtlich bei Al-Dimišqī wieder, letzterer hat etwas mehr.

Aus alledem geht zur Genüge hervor, daß unser Autor dieselbe Quelle, die I. a. R. in stark gekürzter Form wiedergibt, in größerer Ausführlichkeit mittelbar oder unmittelbar benutzt hat.

Die aus I. a. R. mitgeteilten Stellen gehören übrigens dem ersten der fünf Teile, in die die Ökonomik bei ihm eingeteilt ist, an. In diesen fünf Teilen wird gehandelt, 1. über das Vermögen (Geld, *māl*), 2. über die Frauen, 3. über die Kinder, 4. über die Sklaven, 5. über die Verwaltung.

Man darf demnach annehmen, daß die wirtschaftstheoretischen Kapitel unseres Buches in den angeführten Stücken auf den über das Vermögen handelnden Abschnitt einer Ökonomik zurückgehen.

Daß diese Ökonomik aus der griechischen Philosophie stammt, bedürfte wohl kaum noch eines weiteren Beweises; doch es läßt sich sogar genau die griechische Quelle bestimmen, auf die unsere beiden Autoren im letzten Grunde zurückgehen.

In den oben genannten *Aḫlāq-i Nāṣirī* des Nāṣir eddīn aṭ-Ṭūsī findet sich S. 127 im Anfang der Ökonomik die Bemerkung, daß die einzige Abhandlung über Ökonomik, die aus dem Griechischen ins Arabische übersetzt worden sei, die des Abrūs sei, »die sich in den Händen der späteren vorfände«. Dieselbe Form steckt in dem *'rwns* in Ibn Sīnā's *Aqsām al-'ulūm al-'aqlīja* (*Maǵmū'at ar-rasā'il*, Kairo 1328, S. 230), das als einziger Name eines ökonomischen Schriftstellers daselbst angeführt wird. Damit ist zusammenzuhalten eine Stelle in dem *Iršād al-qāṣid ilà asnā al-maqāṣid* des Akfānī S. 95, wo unter der Rubrik *tadbīr al-manāzil* als das berühmteste Buch, das über diesen Gegenstand verfaßt worden sei, das des Brūšun, oder wie man die Konsonanten aussprechen will, genannt wird. Auch Ṭāšköprizāde l. c. kennt als einzigen Verfasser einer Ökonomik einen gewissen Brūš. Alle diese Namensformen sind Versuche, einen fremden d. h. eben griechischen Eigennamen wiederzugeben. Hinter ihnen kann sich niemand anders verbergen als der, freilich nicht eben übermäßig bekannte, angebliche Pythagoreer Bryson, dem eine aus der neupythagoreischen Schule stammende Schrift οἰκονομικός zugeschrieben wird (vgl. ZELLER, *Die Philosophie der Griechen* III, 2 [4. Aufl.] S. 116; 158 Anm. 2; WILHELM, *Die Oeconomica der Neupythagoreer Bryson usw.* im Rhein. Mus. f. Philol. N. F. LXX S. 161 ff.). Freilich ist diese Schrift verloren, nur zwei kleine Fragmente sind bei Stobaeus (*Anthol.* ed. WACHSMUTH-HENSE 5 [1912] 680 f.) erhalten, die aber von WILHELM sehr sorgfältig kommentiert sind. Hier kommt uns der Übersetzungseifer der mittelalterlichen Juden zu Hilfe.

STEINSCHNEIDER bespricht in den »*Hebräischen Übersetzungen des Mittelalters* S. 228 und im *Katalog der hebr. Handschriften zu München* Nr. 263, 3 eine in München liegende hebräische Handschrift, die nach dem Titel eine Übersetzung der Ökonomik des Brāsōn בראסון aus dem Arabischen sein will, angefertigt von Dāvīd bar Šelōmōn b. Iā'īš aus Sevilla. STEINSCHNEIDER hat den Namen Brāsōn, nicht unterbringen können, aber es ist nach dem Angeführten mit einiger Bestimmtheit zu erwarten, daß dieser Brāsōn unser Bryson ist. Und diese Erwartung wird nicht getäuscht. Zwar haben sich im

Griechischen nur zwei kleine Fragmente erhalten, von denen das erste den schon besprochenen, später oft variierten (s. WILHELM o. c.) Gedanken aus Plato's *Politik* wiedergibt. Das zweite Bruchstück behandelt die drei Arten von Sklaven. Hier stimmt die hebräische Übersetzung sowohl zu der Ökonomik bei I. a. R., als auch zu den erhaltenen griechischen Fragmenten. Dies Stück fehlt zwar bei Dimišqī, das hat aber nichts zu bedeuten, nachdem wir die literarischen Beziehungen zwischen ihm und I. a. R. nachgewiesen haben. Ein Textvergleich möge zur Veranschaulichung dienen:

Stobaeus p. 681	I. a. R. p. 84	Ms. München fol. 66b.
Δοῦλος δὴ πᾶς ὀνυμαίνεται τριχῶς. ὁ μὲν γάρ τις δοῦλος κατὰ νόμον γίγνεται.	اما العبيد فثلاث عبد الرِق هو الذى اوجبت الشريعة عليه العبودية	העבדים הן ג' מינים עבד נרצע ועבד תאוה ועבד בטבע העבד הנרצע הוא אותו שחייב הדין והמשפט עליו העבדות
ὁ δὲ καττὸν τρόπον τᾶς ψυχᾶς ὁ κρατούμενος ὑπὸ τῶν ἰδίων παθημάτων τᾶς ψυχᾶς· ὁ δὲ τοιοῦτος οὐχ ἁπλῶς δοῦλος οὐδὲ τᾷ φύσει δοῦλος, ἀλλὰ	عبد الشهوة هو الذى لا يملك نفسه لغلبة شهوته وخواطره	ועבד התאוה הו[א] מי שאינו כובש יצרו לגדל תאותו ומהירו' לבו על[י]ו
τῶν παθῶν δοῦλος καὶ ἐν καταχρήσει δοῦλος καὶ μᾶλλον μοχθηρὸς ἄνθρωπος ἢ δοῦλος κατὰ φύσιν.	ومن كان كذلك فهو عبد سوء لا ينتفع به	ומי שהוא כך הוא עבד רע ואדם רע ואדם רע לא יצלח לכל
κατὰ φύσιν δὲ δοῦλος ὁ δυνάμενος αὐτάρκως τὰς διὰ τῶ σώματος ὑπηρεσίας παρέχεσθαι τοῖς δεσπόταις καὶ ἐν τῷ ὁδοὺς πορευθῆναι καὶ φορτία βαστάξαι καὶ κακοπαθείας καὶ διακονίας ὑπομένεν, μήτε δὲ ἀρετὰν μήτε κακίαν ἐπιδεχόμενος ψυχικάν.	عبد الطبع هو الذى بدنه قوى على التعب وليس فى نفسه تمييز ولا معه من العقل الا مقدار ينقاد لغيره ويقرب من البهائم	ועבד הטבע הוא אשר יש לו גוף חזק לעמל וליגיעה ואין לו היכר בנפשו ואין לו מן השכל אלא שיעור מה שהוא משתעבד לזולתו וזהו בטבעו קרוב מן הבהמו' שינהיגו אותם בני אדם כרצונם ומי שהוא כך etc.

Übersetzung des Arabischen: Es gibt drei Arten von Sklaven:

(I.) Der Sklave im eigentlichen Sinn des Wortes (*'abd ar-riqq*). Das ist der, den das Gesetz zum Sklaventum zwingt.

(II.) Der Sklave aus Leidenschaft. Das ist der, welcher sich nicht selbst besitzt, weil seine Leidenschaft (Begierde) und seine Launen ihn beherrschen. Wer so ist, ist ein schlechter, nutzloser Sklave.

(III.) Der Sklave aus Naturveranlagung. Das ist der, dessen Körper kräftig ist zu mühsamer Arbeit, der aber kein Unterscheidungsvermögen besitzt und nur soviel Verstand hat, um von einem anderen geleitet zu werden. Er steht dem Vieh nahe.

Damit wären wir bei einem vierfachen Ergebnis angelangt:

1. Die griechische, im Original verloren gegangene, dem Bryson zugeschriebene Ökonomik ist in hebräischer Übersetzung aus dem Arabischen erhalten.

2. Das Buch des I. a. R. *Sulūk al-mālik fī tadbīr al-mamālik* geht in seinem ökonomischen Teile auf eben diese Ökonomik zurück.

3. Der wirtschaftstheoretische Teil der *Maḥāsin at-tiǧāra* des Dimišqī entspricht in gewissen Stücken dem Kapitel über das Vermögen einer auf den οἰκονομικός des Bryson zurückgehenden arabischen Ökonomik.

4. Da I. a. R. wie Dimišqī als typisch zu gelten haben, ist die Abhängigkeit der ökonomischen Spekulation in arabischer Sprache von neupythagoreischer Philosophie erwiesen.

II. Der kaufmännische Teil.

Unter dieser Überschrift seien einige Kapitel zusammengefaßt, die zu den interessantesten unseres Buches gehören. Sie sind in die ökonomischen Teile eingeschoben und gehören in einer Hinsicht in den Zusammenhang des vorangehenden Abschnittes, unterscheiden sich aber doch wieder nicht unerheblich von seinem sonstigen Inhalt. Vielleicht wird aber eine spätere Untersuchung auch ihre griechische Herkunft erweisen. Die Lehre vom »mittleren Preise« paßt z. B. ganz vortrefflich in die griechische Auffassung von der goldnen Mitte zwischen den Extremen, die auch bei I. a. R. überall begegnet[1]. In anderer Hinsicht hängen sie aber mit den paränetischen Teilen des Buches zusammen, über die sub IV gehandelt wird. — Man hat den Eindruck, daß diese Ausführungen auf wirklicher Erfahrung und Beobachtung beruhen. Das erste Kapitel, was hierher zu rechnen ist, ist das »Über die Kenntnis des mittleren Preises für alle Waren« S. 10. Daselbst wird Bemerkenswertes über die Bildung des Marktpreises gesagt: Der Marktpreis ist das Produkt aus Angebot und Nachfrage, die ihrerseits wieder von verschiedenen anderen Faktoren: Ernteausfall, Sicherheit oder Unsicherheit der Zufuhrwege und dergl. abhängig ist. Die verschiedenen Stufen des Steigens und Fallens des Preises werden mit verschiedenen Namen bezeichnet, deren (S. 11) eine Anzahl aufgestellt

---

[1]) Über die Bedeutung der aristotelischen μεσότης-Lehre für die islamische Ethik vgl. GOLDZIHER, *Kitâb ma'âni al-nafs* S. 20*.

wird, die sich aus Ibn Sīda noch vermehren läßt. — Die Verschiedenheit der Marktpreise in den verschiedenen Orten wird aus der größeren oder geringeren Entfernung von dem Produktionsort erklärt. Jede Ware hat an jedem Orte ein ganz bestimmtes mittleres Preisniveau, das trotz der Preisschwankungen konstant bleibt. Auf die Kenntnis dieses mittleren Preisniveaus muß der Kaufmann großen Wert legen. Es ist aus der vorangehenden Schwankung des Kurses der Preise, die man von zuverlässigen Fachleuten zu erfragen hat, zu berechnen.

Daß der Begriff des Marktpreises schon in früher Zeit geläufig war, beweisen auch gewisse Bestimmungen des *Fiqh*, über die weiter unten zu vergleichen ist.

Weiter sind hierher zu rechnen die Kapitel über die Kaufleute, die nach dem Abschnitt über die Gewerbe eingeschoben sind. Unser Autor unterscheidet drei Arten von Kaufleuten. Der erste ist der aufspeichernde, der Stapelkaufmann (*ḫazzān*). Er kauft die Ware zu billigen Zeiten auf, um sie in teuren Zeiten mit Gewinn loszuschlagen. Er muß durch beständiges Einziehen von Erkundigungen über die Marktlage an den Produktionsorten und die Sicherheit der Wege sich stets auf dem laufenden halten, um die zukünftige wirtschaftliche Konstellation genau vorausberechnen zu können. Als Beispiel für eine solche weitschauende Vorausberechnung wird ein Brief des Kalifen Al-Ma'mūn an seine Statthalter mitgeteilt. Noch bei unseren heutigen Kaufleuten in Übung ist das S. 49 empfohlene Verfahren, den Ankauf der Ware auf verschiedene Zeiten zu verteilen. Es wird der Ankauf in vier Portionen in einem Abstand von je 15 Tagen empfohlen. Freilich wird diese Praxis nur als eine Vorsichtsmaßregel hingestellt, die verhüten soll, daß man für den Fall einer plötzlichen Preisveränderung oder unter den Folgen irgendeines Versehens Schaden erleidet. Daß man durch Ankauf von großen Mengen selbst die Preise steigert, scheint nicht bekannt zu sein, wenigstens steht nichts davon da. Neben vorsichtiger Berechnung, deren Versäumung die schlimmsten Folgen haben kann, soll der Stapelkaufmann auch auf den Zustand der Landesregierung sein Augenmerk richten. Ist die Regierung gerecht, reich und hat sie wenig Feinde, so ist das die beste Situation für den Kaufmann; ist sie zwar gerecht, aber den Feinden an Stärke unterlegen, so soll er sich nur mit kleineren Waren abgeben, die sich leicht verbergen lassen, oder soll das Kaufen überhaupt aufgeben, bis bessere Zeiten kommen. Ist das nicht möglich, so soll er unter irgendeinem Vorwand die Waren nach einer sicheren Gegend schaffen. Ist die Regierung tyrannisch, aber den Feinden gewachsen, so verheimliche er, daß er Handel treibt; ist sie aber tyrannisch, arm und den Feinden unterlegen zugleich, so fliehe der Kaufmann aufs schnellste aus dem Lande.

Dem reisenden Kaufmann (*rakkāḍ*) wird empfohlen, auf keine Hoffnung auf Gewinn zu fest zu bauen, weil er nie wissen kann, was für Zufälle sich ereignen können. Es kann leicht vorkommen, daß er die Waren ebenda verkaufen muß, wo er sie angekauft hat. Vermittels einer Preisliste der Waren des Landes, in dem er die gekauften Güter absetzen will, stellt er den Preisunterschied zwischen Import- und Exportland fest, zieht die Zollgebühren, über die er gleichfalls eine Liste mit sich zu führen hat, und die Reisekosten ab und rechnet dann den Nutzen heraus. Er hat neben anderen Vorsichtsmaßregeln sich rechtzeitig nach einem zuverlässigen Vertreter und einem sicheren Abladeplatz in dem Lande, in das er reisen will, umzusehen, damit er nicht einem schlechten Zahler oder Bankerotteur in die Hände fällt.

Die Form, in der, drittens, der ausrüstende Kaufmann (*muǵahhiz*) Handel treibt, ist die uns aus Muhammed's Biographie bekannte Form der Kommenda (*muḍāraba* oder *muqāraḍa*). Dieser Kaufmann braucht einen zuverlässigen Gerenten, dem ein Anteil am Gewinn zusteht, und dem die Ware, nicht ohne zuverlässige Begleitung, zugeschickt wird. Er hat sie dann zu verkaufen und andere dafür einzukaufen.

S. 43 beginnt ein Kapitel: »Allgemeine Ratschläge für die Kaufleute.« Darin wird nach Warnung vor einigen Betrügern empfohlen, größere Güter nur dann zu kaufen, wenn man die nötigen Hilfskräfte zum Transport zur Verfügung hat; und daß man möglichst kaufe von einem, dem nichts an der Sache liegt, und verkaufe an einen, der sie sehr zu haben begehrt. Man soll sich vor allem vor allzu großer Begierde hüten, weil die Gier den Blick trübe; und wenn man in einem Handelszweig kein Glück habe, solle man es, wie schon der Prophet geboten hat, mit einem anderen versuchen. Ferner soll der Kaufmann Nachlaß gewähren, diesen von vornherein mit in Rechnung ziehen, auch dem Vermittler ein Geschenk geben, und was dergleichen Ratschläge mehr sind.

Am Schluß (S. 53 ff.) wird vor einer Anzahl von Betrügern gewarnt, die durch Verstellung und scheinheiliges Wesen die Gunst des Kaufmannes zu gewinnen trachten, um ihn nachher aufs schändlichste auszubeuten.

III. Der warenkundliche Teil.

Den weitaus größten Teil des Buches nimmt die Warenkunde ein. Sie wird im Titel des Buches angekündigt durch die Worte: »...... und die Kenntnis der guten und schlechten Waren und der Fälschungen der Betrüger an ihnen.« Die Disposition zu dieser Warenkunde ist in dem ersten Kapitel enthalten, das über die »eigentliche Bedeutung« (*ḥaqīqa*) des Wortes Besitz (*māl*) handelt. Daselbst wird der Besitz in vier Arten eingeteilt: 1. Geld (*māl ṣāmit*), d. i. Gold, Silber und alles, was daraus geformt ist [1]), 2. Waren (*ʿarḍ*): Gebrauchs- und Verkaufs gegenstände, Edelsteine, Metalle, Holz und alle sonstigen Rohstoffe, 3. Grundbesitz. Es werden zwei Arten unterschieden: a) überdachter Grundbesitz (*musaqqaf*) (Häuser, Mühlen etc.), b) Wirtschaftsland (*muzdaraʿ*): Gärten, Weinberge, Weiden, Teiche, Quellen, Wasserrechte usw., 4. lebender Besitz (*ḥajawān, māl nāṭiq*), a) Sklaven (*raqīq*), b) Arbeitsvieh (*kurāʿ*): Pferde, Esel und Arbeitskamele, c) Weidevieh (*māšija*): Schafe, Rinder, Ziegen, Büffel und frei weidende Kamele. Das hier gegebene Programm wird genau innegehalten.

In dem ersten Abschnitt, der über das Geld handelt, nimmt der Verfasser Gelegenheit, über die Entstehung und Funktion des Geldes Betrachtungen anzustellen, die eigentlich dem wirtschaftstheoretischen Teile des Buches angehören, über dessen Herkunft oben die Rede gewesen ist. Darauf werden verschiedene Fälschungs- und Prüfungsmethoden für die edlen Metalle mitgeteilt. Der sehr ausführliche Teil über die Waren (im engeren Sinne) (*aʿrāḍ*) beginnt mit einer Anweisung, wie man die Waren am sichersten aufhebt, bezw. für die Reise einpackt, damit sie vor allem Schaden bewahrt bleiben, und vor Räubern und Dieben sichert. S. 12 (das vorhergehende Kapitel über den mittleren Preis ist oben besprochen worden) beginnt dann die Aufzählung der einzelnen Handelsgegenstände, ihrer guten und schlechten Qualitäten (*faṣl fī ǧajjid al-aʿrāḍ wa radīʾihā*).

Folgende Handelsgegenstände werden aufgeführt und besprochen:

I. Edelsteine: Perle (*luʾluʾ*), Korund (*jāqūt*), Smaragd (*zumurrud*), Diamant (*almās*), Türkis (*fīrūzaǧ*), Koralle (*marǧān*), Karneol (*ʿaqīq*), Lazurstein (*lāzward*), Onyx (*ǧazʿ*).

II. Wohlgerüche: Moschus (*misk*), Ambra (*ʿanbar*), Kampfer (*kāfūr*), Agalloche(oder Aloe)holz (*ʿūd*), Gewürznelken (*qaranful*), Sandelholz (*ṣandal*), Safran (*zaʿfarān*).

III. Die »kleinen Spezereien« (*as-saqaṭ aṣ-ṣaǧīr*) sollen, da sie für den Handel nicht so wichtig sind, übergangen werden. Nur der Rhabarber (*rāwand*) wird besprochen.

[1]) Auch das *Fiqh* macht bekanntlich keinen Unterschied zwischen rohem, gemünztem und verarbeitetem Gold und Silber. Die Edelmetalle gelten in jeder Form als Zahlungsmittel (*aṯmān*) und sind auch in verarbeitetem Zustande den Gesetzen des *ribā aṣ-ṣarf* unterworfen, so daß man einen goldnen Wertgegenstand in Gold gar nicht bezahlen kann. Vergl. die Kapitel über *ribā aṣ-ṣarf* in den *Fiqh*büchern.

IV. Die »großen Spezereien« (*as-saqaṭ al-kabīr*): Indigo (*nīl*), Sappanholz (*baqqam*), Pfeffer (*fulful*), Weihrauch (*lubān*), Mastixgummi (*maṣṭakī*), Speisezimt (*dār ṣīnī aṭ-ṭaʿām*), Togariholz (*ūd*), Ingwer (*zanǧabīl*), Zitwerwurzel (*zurunbād*), Galgant (*ḫūlanǧān*), Kostwurz (*quṣṭ*), Ladanum (*ladān*), Myrobalanum (*ihlīliǧ*).

V. Gewebe: Papier (*kāǧid*), Leinen (*kattān*), Baumwolle (*quṭn*), Wolle und Ziegenhaar, Seide (*ibrīsam*), Atlas (*dībāǧ*), Chazz (*ḫazz*), Cyklaton (*siqlāṭūn*), Tabin (*ʿattābī*), einfarbiger Seidenstoff (*muṣmat*), Dabīqīstoff (*dabīqī*), Scharb (*šarb*), Naṣāfi (*naṣāfi*), Wollzeuge (*abrād*), Filze (*lubūd*), Teppiche (*busuṭ, ṭanāfis*), Regenmäntel (*manāṭir*), Unterpanzer (*ašilla*).

VI. Mineralien: Eisen, Kupfer, Messing, Bronze, Blei, Zinn, Quecksilber.

Bei diesen Waren werden gewöhnlich die verschiedenen Sorten aufgezählt, die im Handel vorkommen, deren Eigenschaften besprochen, ihre Rangordnung in der Güte und Brauchbarkeit festgestellt. Für jede Art werden die für deren beste Qualität erforderlichen Eigenschaften aufgezählt, wird auf die möglichen Fehler aufmerksam gemacht und gegebenenfalls die vorkommenden Fälschungen und die Mittel, sie zu erkennen, angegeben. Bei den Edelsteinen finden sich mehrfach Preisangaben.

VII. Nahrungsmittel und dergleichen: Das Interesse liegt hier ganz auf der Art, wie man die einzelnen Nahrungsmittel am besten aufbewahrt. Wiedemann, bezw. Späth bei W. (*Beiträge* XXXII) macht in mehreren Fällen auf die Schärfe der Beobachtung, die die Angaben des Arabers verraten, aufmerksam. Besprochen werden: Weizen und Gerste (*ḥinṭa, šaʿīr*), Mehl (*daqīq*), Olivenöl (*zeit*), Essig (*ḫall*), Seife (*ṣābūn*), Honig und Fruchtsäfte (*ʿasal, rubūb*), weißer und roter Zucker (*sukkar abiaḍ wa aḥmar*), trockene Früchte (*fawākih jābisa*), Fleisch und Fett (*laḥm wa šaḥm*), trockener Käse (*ǧubn jābis*), Holz, Kohle, Stroh (*ḥaṭab, faḥm, tibn*).

Der Abschnitt über den Grundbesitz beginnt mit der allgemeinen Bemerkung, daß von jeder Art Grundbesitz der der beste sei, dessen Eigentum dem Besitzer nicht durch Teilhaberschaft eines anderen, durch Usurpation, Legate und Stiftungen geschmälert sei. Das Ackerland soll in der Nähe größerer Orte liegen, damit die Inspektion keine Schwierigkeiten macht, mit wenig Abgaben belastet sein und friedliche Leute zu Nachbarn haben. Es wird auseinandergesetzt, wie man die Güte des Bodens erkennt, und von welcher Art die Bewässerung sein muß.

Vom überdachten Grundbesitz werden im einzelnen nur die Bäder und deren zweckmäßige Einrichtung behandelt. Dem Hausbesitzer wird geraten, niemals die Miete selbst einzufordern, sondern das Odium lieber einem Eintreiber (Pächter) (*mutaḍammin*) zu überlassen; er selbst soll sich, falls sich bedrängte Mieter an ihn wenden, stets liebenswürdig und entgegenkommend zeigen. Beim Ankauf von Grundbesitz soll man die größte Vorsicht anwenden, und nur von zuverlässigen Leuten und nicht ohne eine von vertrauenswürdigen Zeugen bestätigte Besitzurkunde kaufen. Auf gewisse Teile des Baues, Fundament, Schlußsteine der Gewölbe, Pfeiler und Wasserleitung, soll man besonders achten.

Das Kapitel über die Sklaven ist auffallend kurz. Es wird lediglich geraten, sich bei der Wahl eines Sklaven nicht zu früh zu entscheiden, und sich durch ein leise mit ihm geführtes Gespräch (um das Gehör des Sklaven zu prüfen) von seinen Fähigkeiten zu überzeugen und dann die »Körperstellen, deren Untersuchung beim Ankauf von Sklaven notwendig ist«, zu untersuchen.

Von dem Arbeitsvieh (Pferde, Esel, Kamele) wird ausschließlich und nicht sehr ausführlich das Pferd, seine Körperfehler und die Kennzeichen seiner Güte besprochen.

Das Kapitel über Weidevieh enthält nichts als die Feststellung, daß Weidevieh nur rentabel sei für jemanden, der selbst genügend Weidefläche besitze, auf der er das Vieh dauernd lagern lassen könnte, oder für die Beduinen, die auf der Suche nach Weide in der Wüste umherziehen.

Wie man sieht, hat man es mit einer planmäßig aufgebauten Warenkunde — das Wort »Waren« im weitesten Sinne genommen — zu tun, die über alle Handelsgegenstände das für den Kaufmann Wissenswerteste zusammenstellen will. Die Rubriken sind, zumal gegen den Schluß, nicht immer ganz gleichmäßig ausgefüllt, doch ist das im ersten Kapitel gegebene Programm systematisch durchgeführt.

Die beschriebene Warenkunde bildet den größten und wichtigsten Teil des Buches und verleiht ihm seinen eigentlichen literarischen Charakter. Eine unserem Buche ähnliche Schrift über kaufmännische Warenkunde ist aus der arabischen Literatur bisher noch nicht bekannt geworden, doch stellt sich bei näherem Zusehen heraus, daß das Werkchen durchaus nicht so isoliert steht, wie es zunächst erscheinen könnte.

Unser Autor macht selbst keinen Anspruch, originell in bezug auf Stoff oder in dem kaufmännischen Gesichtspunkt seiner Warenkunde zu sein. Er sagt S. 15, am Beginn des Abschnittes, der über die *a'rāḍ* handelt: »Darüber, wie man bei den Waren die guten und schlechten Qualitäten und die Fälschungen, die die Betrüger an ihnen vornehmen, erkennt, gibt es, und zwar für jede Gattung von Waren, zahlreiche Werke; so haben al-Kindī und andere unter den früheren Gelehrten über die Edelsteine eine Anzahl von Abhandlungen verfaßt, in denen sie über ihre Preise, ihre lobenswerten Eigenschaften, ihre Produktionsorte und die Art ihrer Gewinnung gehandelt haben. Ebenso ist es mit den Parfümen, den verschiedenen Drogen und Spezereiwaren etc.« Von al-Kindī's Schriften kommen hier folgende in Betracht:

1. Abhandlung über die verschiedenen Arten der kostbaren Edelsteine und ähnliche Dinge (*risāla fī anwā' al-ǧawāhir aṯ-ṯamīna wa ġairihā*).

2. Abhandlung über die verschiedenen Arten Steine (die Edelsteine, ihre Fundorte, die guten und schlechten Edelsteine) und die Preise derselben (*risāla fī anwā' al-ḥiǧāra wal-ǧawāhir wa ma'ādiniha wa ǧajjidiha wa radī'iha wa aṯmāniha*).

3. Abhandlung über die verschiedenen Arten der Klingen und des Eisens (der guten Klingen und der Orte, von denen sie den Namen führen) (*fī anwā' as-sujūf wal-ḥadīd wa ǧajjidiha wa mawāḍi' intisābiha*). (Wohl identisch mit der erhaltenen Abhandlung *fī ǧawāhir as-sujūf*, vgl. Wiedemann, *Beiträge* XXV, 116.)

4. Abhandlung über das Gewürz und dessen verschiedene Arten (*risāla fī l-'iṭr wa anwā'ih*).

5. Abhandlung über die künstliche Bereitung von Speisen aus anderen als aus ihren Grundstoffen (d. h. über Fälschungen) (*risāla fī ṣin'at aṭ'ima min ġair 'anāṣirihā*). (Nach Flügel, *Al-Kindi*, Abhandl. f. d. Kunde des Morgenlandes I [nicht II, Brock. I, 209] Nr. 230, 231, 234, 241, 243.)

Man sieht, al-Kindī hat dieselbe Fragestellung, behandelt dieselben Stoffe. Sein Interesse ist in den genannten Schriften offenbar nicht bloß rein naturwissenschaftlich. Eine Abhandlung über die verschiedenen Arten von Klingen und die Orte, nach denen sie ihren Namen führen, kann man geradezu als spezielle Warenkunde bezeichnen, wenn auch das rein philologische Interesse bei allen solchen Zusammenstellungen nicht verkannt werden darf; auch für Fälschungen hat er sich, wie man sieht, interessiert. Al-Kindī steht nicht allein. Es sind uns Schriften und Titel von solchen erhalten, die dasselbe warenkundliche Interesse verraten, das unseren Autor zur Abfassung seines Buches geführt hat. Derartig deutlich kaufmännisch orientierte Schriften sind z. B. solche, in denen die industriellen Erzeugnisse und Ausfuhrartikel der verschiedenen Gegenden miteinander verglichen werden. Leider ist von solchen Schriften nur wenig erhalten. Aṯ-Ṯa'ālibī zitiert in den *Laṭā'if al-maʿārif* (ed. DE JONG) S. 128,6 das *K. at-tabaṣṣur fī-t-tiǧāra* des Ǧāḥiẓ. Das Zitat lautet folgendermaßen: »Die besten Filze sind die chinesischen, dann die roten maghribinischen, dann die weißen taliqanischen«, und die Fortsetzung: »Und es sagt ein anderer: Die beste Wolle ist die aus Ägypten, dann die aus Armenien usw.«, es beweist, daß Al-Ǧāḥiẓ nicht der einzige war, der solche »Bücher über den Handel« geschrieben hat. Daß dieser sich übrigens auch sonst für den Handel interessierte, geht aus seiner *risālā fī madḥ at-tuǧǧār wa ḏamm ʿamal as-sulṭān* (Maǧmūʿat ar-rasāʾil Kairo 1324 S. 155) hervor.

Derartige Schriften sind schon richtige Warenkunden; bei dem Buche des Ǧāḥiẓ ist der kaufmännische Charakter ja schon im Titel ausgedrückt. Eine wirkliche Warenkunde, die unserem Buche zur Seite zu stellen wäre, könnte das Buch *Šifāʾ al-aśwāq biḥukm mā jakṯuru baiʿuhu fī-l-aswāq* von ʿAlī as-Samhūdī †911/1505 gewesen sein, das AHLWARDT, *Katalog* V, S. 136 Nr. 70 anführt. Von erhaltenen Schriften dieser Art ist aber bisher nur eine einzige bekannt geworden, die allerdings nicht selbständig, sondern nur als Teil einer großen Schrift geschrieben ist, nämlich das Kapitel über den Handel in dem Anhang zu Qazwīnī, auf das RUSKA, Islam IV, 245 ff. aufmerksam gemacht hat. Es handelt nach einer Einleitung über die Notwendigkeit des Handels (eine derartige Betrachtung fehlt merkwürdigerweise in unserem Buche) über Gold, Perlen, Edelsteine, Sklaven und Vieh, Drogen, Gewebe und dergleichen und über einzelne Gegenstände. Leider ist bei dem schlechten Zustande des Textes eine Übersetzung einstweilen noch zu gewagt. Dieser kleinen Warenkunde, sind, wie RUSKA ausführt, noch zwei weitere Abschnitte angehängt, die nicht zu dem ursprünglichen Bestande gehören, auch in der ganzen Art der Behandlung von ihm verschieden sind: der eine Abschnitt handelt über Edelsteine und ist von RUSKA l. c. herausgegeben, der andere über Sklaven und ist interessant dadurch, daß er eine Art Physiognomik [1]) enthält, d. h. eine Anweisung, aus der äußeren Erscheinung des Menschen auf seinen Charakter zu schließen.

Einige warenkundliche kaufmännische und ökonomische Kapitel, die im Charakter unserem Buche sehr nahe stehen, enthält endlich das persische *Qābūsnāme*, ein Buch voll Ermahnungen, das Qābūs ʿUnṣur al-Maʿālī, der Enkel des bekannten Qābūs b. Wašmgīr, des bedeutendsten Fürsten der national-persischen Zaiditen-Dynastie in

[1]) Die griechische Physiognomik ist als *ʿilm al-firāsa* von den Arabern übernommen und hat wohl nach dem Muster neuplatonischer Lehren mit den anderen Geheimwissenschaften ihren festen Platz im System der arabischen Wissenschaft; vergl. Tāšköprizāde o. c. I, 272 f. und andere Enzyklopädien.

Tabaristan, für seinen Sohn geschrieben hat (übersetzt von QUERRY, Paris 1886; näheres über dies Werk bei E. G. BROWNE, *Lit. Hist. of Persia* II, 276). Es bringt im Kapitel 32 Ausführungen allgemeiner Art über den Handel, Kapitel 23 handelt von dem Ankauf von Sklaven, Kapitel 24 über den von Immobilien, 25 über Pferdekauf, 21 über die Anhäufung von Reichtum und seine Erhaltung, 43 über den Ackerbau und die Handwerke.

Diese angeführten Daten beweisen, daß die kaufmännische Warenkunde als Vorwurf literarischer Betätigung innerhalb des islamischen Schrifttums nicht so vereinzelt dasteht, wie es zunächst erscheinen möchte.

Das Material unserer Warenkunde freilich können wir vielmehr als aus dem wenigen, was uns an Schriften gleicher literarischer Gattung wie unser Buch erhalten ist, aus den reichen Schätzen der übrigen islamischen Literatur vermehren. Doch scheint gar oft bei den Schriften, die da zu nennen sind, zumal bei denen, die man der naturwissenschaftlichen Literatur zuzuwenden pflegt, deutlich ein kaufmännisches Interesse mit bei der Abfassung wirksam gewesen zu sein; die reine Naturwissenschaft ist ein Kind der Neuzeit, und wir haben ja überdies von unserem Autor gelernt, eine aus Wissenschaft und Handel zusammengesetzte Profession anzuerkennen.

WIEDEMANN hat in seinem Aufsatz: *Über den Wert von Edelsteinen bei den Muslimen*, Islam II, S. 345 ff. eine ganze Reihe mineralogischer Schriften zusammengestellt, die durch die Preisangaben, die sich in ihnen finden, das kaufmännische Interesse ihrer Verfasser bekunden. Ja, wenn man einer Nachricht Al-Bērūnī's, auf die WIEDEMANN a. a. O. aufmerksam macht, Glauben schenken darf, so muß man annehmen, daß man im kaufmännischen Interesse Aufzeichnungen über Edelsteine gemacht hat lange vor der Zeit, in der, dank der Tätigkeit der Übersetzer, die Muslime mit der griechischen, persischen und indischen Wissenschaft bekannt wurden, und sich auf dem Gebiete der Naturwissenschaft literarisch zu betätigen begannen. Al-Bērūnī teilt nämlich (die Stellen sind a. a. O. von W. übersetzt) eine Liste über Edelsteinpreise mit, die er in einem aus dem Jahre 90 d. H. stammenden Buche gefunden haben will. Dieser Liste stellt er die zu seiner Zeit geltenden Preise gegenüber und erklärt die große Differenz zwischen den früheren niedrigen und den späteren hohen Preisen aus dem Wechsel des Modegeschmacks. Diese Preisliste dürfte wohl überhaupt das älteste literarische Erzeugnis kaufmännischer Art sein, das aus der arabischen Literatur auf uns gekommen ist. Die mineralogischen Schriften Al-Kindī's selbst sind uns nur in Fragmenten, teils in einer Gothaer Handschrift, teils in Zitaten späterer erhalten (vgl. WIEDEMANN, *Beiträge* XXX). Erst wenn diese Fragmente zusammengestellt sind, läßt sich ausmachen, ob und wieweit unser Autor von den Angaben jenes abhängig ist, und erst dann kann man sagen, in welche Zeit seine Preisangaben zu setzen sind. Von späteren mineralogischen Schriftstellern zeichnen sich durch Preisangaben hauptsächlich aus der oben erwähnte Al-Bērūnī (übersetzt von WIEDEMANN a. a. O.), al-Tīfāschī und Al-Akfānī (übers. v. W., *Beiträge* XXX, 211 ff.). Zu der sonstigen Literatur ist der genannte Aufsatz von WIEDEMANN zu vergleichen.

Doch nicht nur solche Steinbücher, die Preisangaben enthalten, haben für uns Interesse. Angaben über Fundorte, Gewinnung, verschiedene Arten und deren Rangordnung finden sich in fast jedem mineralogischen Werke. Freilich gehen diese Schriften zumeist über das Gebiet der Warenkunde weit hinaus. Wie schon bei den Lehrmeistern der Muslime, den Griechen, tritt neben die physikalisch-chemische Beschreibung, die Angabe der Fundorte und die Klassifizierung der verschiedenen Arten sehr oft eine Darstellung der medizinischen und magisch-astrologischen Wirkungen der Steine, die, je nach dem Schriftsteller, mehr oder weniger das Hauptinteresse in Anspruch nehmen. Es läßt sich bei dieser Literatur eben nicht deutlich unterscheiden zwischen dem Interesse des Naturforschers, des Juwelenhändlers und des Mediziners. Bei jedem Artikel wird alles zusammengeschrieben, was der Verfasser an irgendwie interessanten Nachrichten zusammenzubringen wußte. Eine Übersicht über die Literatur geben WIEDEMANN, *Beiträge* XXX, und RUSKA, *Die Mineralogie in der arabischen Literatur*, Isis I, S. 341—50. Vergl. auch WIEDEMANN, *Zur Mineralogie bei den Muslimen* AGNT 1. Bd., 208 ff.

Hat uns schon die Betrachtung der Edelsteinliteratur, die den Ausführungen unseres Buches zur Seite zu stellen wäre, von dem Gebiete der eigentlichen Warenkunde hinweg in das der Naturwissenschaft und Medizin geführt, so wird dies bei dem Abschnitte, der über Wohlgerüche, Drogen und Spezereien handelt, noch in weit stärkerem Maße der Fall sein. Der Apotheker (*'aṭṭār*) ist eben zugleich Pharmakologe; wir haben ja schon oben gesehen, daß das Apothekergewerbe als aus Wissenschaft und Handel zusammengesetzt zu betrachten sei, und es gibt wenige Wohlgerüche und Spezereien, denen man nicht im Orient irgendeine heilkräftige Wirkung zugesprochen hätte.

Über Getreidehandel läßt sich als kuriose Spezialschrift anführen die astrologische Abhandlung des Abū Sa'īd Aḥmad b. Muḥammad b. 'Abdalǧalīl as-Siǧazī (4. s. d. H.), *Über die Methoden zur Berechnung der Getreidepreise*, die BROCKELMANN I, 219 anführt. Im übrigen ist über Nahrungsmittel sowie alles Landwirtschaftliche die nach griechischem Muster entstandene Literatur über den Landbau (*filāḥa*) zu vergleichen.

Ratschläge für den Ankauf von Sklaven kann am besten der Arzt geben. So hat der Arzt Ibn Boṭlān (um 455/1063) eine Schrift über den Sklavenhandel geschrieben: *Risāla fī širā' ar-raqīq wa taqlīb al-'abīd* (BR. I, 483). Eine ähnliche Schrift des Arztes Al-Akfānī († 749/1348) führt den Titel: *An-naẓar wat-taḥqīq fī taqlīb ar-raqīq* (BR. II, 137).

Über Pferde, Esel und Kamele endlich handelt außer der Landwirtschaftsliteratur die Literatur über Tierarzneikunde, über Pferdezucht und Reitkunst, die bei der großen Rolle, die diese Tiere bei den Arabern spielen, begreiflicherweise eine besondere Pflege fand.

Reiches Material über die meisten Handelsgegenstände liefert ferner die im Arabischen so eigentümlich ausgeprägte enzyklopädische Adabliteratur. Der gebildete Mann, zumal der Sekretär, der bei Hofe verkehrt, muß über eine große Menge enzyklopädischen Wissens verfügen, um in der Gesellschaft als gebildet und fein erzogen zu gelten. In der großen Zahl von Handbüchern, die man zum Gebrauche dieser Leute zusammengestellt hat, findet man eine Menge derselben Dinge beschrieben, die unser Buch behandelt. Man kann das, was diese Bücher bieten, um so mehr neben die Ausführungen unseres Autors stellen, als es sich dabei zumeist nur um Zusammenstellungen aus der betreffenden Fachliteratur handelt, Neues tritt wenig hervor, nur daß dem Zweck der Bücher entsprechend auch manchmal nur Dichter- und Hadithstellen, in denen die betreffenden Dinge vorkommen, zusammengestellt sind.

Für die Produktionsorte von Waren und für die Handelswege bietet reiches, bis jetzt nur zum kleinen Teil verwertetes Material die arabische und persische geographische und Reiseliteratur, die durch fremdländische Quellen (z. B. das Buch des Chinesen Chau Ju kua über den chinesisch-arabischen Handel im 12. und 13. Jahrhundert, *Chau Ju-kua, his work on the Chinese and Arab trade ... transl. by* HIRTH and ROCKHILL, St. Petersburg 1911) ergänzt werden.

Naturwissenschaftlichen und geographischen Inhalts zugleich sind die Kosmographien, wie die des Qazwīnī, Dimišqī, Ibn al-Wardī.

Über Betrügereien, Fälschungen in Handel und Gewerbe belehren außer Spezialwerken über Betrügerkniffe, wie al-Ǧaubarī's (um 615/1218) *K. al-muḫtār fī kašf al-asrār* (BR. I, 497) (Orient. Druck o. J.) und des al-Ḥasan b. Manṣūr b. Maḥmūd. . . Qāḍīḫān

(† 591/1195): *Maṭlab fī masā'il al-ġurūr* (Handschr. Berl. 4984) einmal die Schriften über die Pflichten des Marktaufsehers (*muḥtasib*), die uns teils als selbständige Werke, wie die des Ibn al-Aḥwah (*K. ma'ālim al-qirba fī aḥkām al-ḥisba*) und Nabrāwī (*Nihājat ar-rutba aš-šarīfa fī ṭalab al-ḥisba*) (vgl. über diese Werke Behrnauer, *Mémoires sur les institutions de police chez les Arabes, les Persans et les Turks*, S.-A. aus I. A. 1860, woselbst das Buch des Nabrāwī sowie Auszüge aus Ǧaubarī[1]) übersetzt sind), teils als Teile von Schriften über Politik (z. B. in Māwardī's [† 450/1058] *Aḥkām as-sulṭānīja* [Br. I, 386] als letztes Kapitel) erhalten haben; andererseits solche Schriften, in denen gesetzestreue Gelehrte ihren Glaubensbrüdern aller Stände vom Fürsten herab bis zum Badediener zur Befolgung von Gesetz und Moral ermahnen, bezw. die Mißbräuche, die ihnen bei ihren Reisen in anderen Teilen der islamischen Welt aufgefallen sind, geißeln. Das bekannteste und reichhaltigste Werk der letzteren Gattung ist das *K. al-madḫal* des Ibn al-Ḥāǧǧ al-'Abdarī († 737/1336) Alexandrien 1293 (Br. II, 83), auf dessen Wichtigkeit für die Kenntnis kulturgeschichtlicher Einzelheiten und der Praxis des täglichen Lebens im mohammedanischen Orient Goldziher aufmerksam gemacht hat (*Das Patriarchengrab in Hebron nach Al-'Abdari* ZDPV. XVII, 115). Diese letzten Werke gehören aber schon in das Gebiet der religiösen Ethik, über die unten ausführlich gehandelt werden wird.

Von den Büchern ersterer Gattung sind zu nennen das äußerst reichhaltige (es werden allein ca. 60 Handwerke besprochen) *K. baḏl an-naṣā'iḥ aš-šar'ija fīmā 'alà 's-sulṭān wa-wulāt al-umūr wa sā'ir ar-ra'īja* des ehemaligen *Muḥtasib* Ibn ar-Raf'a († 710/1310) (Br. II, 133, Handschr. Gotha 1219) und dessen Nachahmung von *Muḥ. al-*Maqdisī Muḥibbaddīn Abū Ḥāmid mit gleichem Titel aus dem Jahre 868/1463 (Br. II 234; Handschr. Berl. 5618), so wie das *Kitāb mu'īd an-ni'am wa mubīd an-niqam* des Tāǧaddīn as-Subkī († 771/1376, Br. II, 90) ed. Myhrman 1908.

In den Kreis des *Amr bil-ma'rūf* gehört eine Spezialschrift des berühmten ultraorthodoxen Ibn Taimīja, die den Titel führt *al-Ḥisba fī'l-Islām* (Kairo, Druckerei des Muajjad, 1318). Sie ist mehr eine paränetische als eine technische Abhandlung.

Ertragreiche Fundgruben von Material endlich auch für unsere Zwecke sind die allgemein enzyklopädischen Werke der islamischen Literatur. Besonders kommen hier in Betracht die gewaltige, leider noch immer ungedruckte Enzyklopädie des Nuwairī († 732/1332)

---

[1]) Vergl. auch Ahlwardt, *Katalog* V, Nr. 5644, wo ein *K. ar-rutba fī šarā'iṭ al-ḥisba* eines Muḥ. b. Aḥmad al-Aš'arī genannt wird.

Nihājat al-ʿArab fī funūn al-adab (Br. II, 140) und das persische Werk *Nafā'is al-funūn fī ʿarā'is al-ʿujūn* des Muḥ. b. Maḥmūd al-Āmulī (zwischen 735 und 742 vgl. Geiger und Kuhn, *Grundr. iran. Phil.* II, 363 ff. und Flügel, o. c. I, S. 38), das seit Joseph v. Hammer's *Enzyklopädischer Übersicht der Wissenschaften des Orients*, Leipzig 1804, nicht mehr recht beachtet worden zu sein scheint.

IV. Der paränetische Teil, mit einem Anhang über die Wirtschaftsethik des Islam, besonders bei Ghazālī.

Die beiden letzten Kapitel unseres Buches sind überschrieben: »Daß man das Vermögen bewahren muß« (*faṣl fī mauqiʿ al-ḥāǧa ilà ṣijānāt al-māl*) und »Verbot, das Vermögen zu verschleudern und knickerig damit zu sein« (*faṣl fī n-nahj ʿan iḍāʿat al-māl wat-tafrīṭ fīh*). Sie enthalten eine bunte Anthologie aus der Adabliteratur: warnende Briefe besorgter Väter und Brüder, testamentarische Ermahnungen (*waṣājā*), Sprüche von Weisen und Propheten, Hadithe usw. Die Eingänge der verschiedenen Zitate mögen kurz zusammengestellt folgen:

Über das wetterwendische Glück (der Anfang scheint zu fehlen), — Vermächtnis eines Weisen an seinen Sohn, — Aus *Kalīla und Dimna*, — Es schrieb ein Schöngeist an seinen Bruder, der ein großes Vermögen geerbt hatte, aber mit schlechten Leuten verkehrte, — Aus einem Sendschreiben (*risālā*) eines Schöngeistes, — Es sagt der Verfasser dieses Buches, — Es schrieb ein Schöngeist an seinen Sohn, — Es wird gesagt, — Es sagte ein Weiser, — Man fragte Platon, — Es sagt Zijād, — Es sagt ʿUtba b. Kaṯīr (Verse), — Ein anderer (Verse), — Es sagte ein Gelehrter, — Es sagte ein Weiser, — Es sagt Ḫālid b. Jezīd al-Muhallabī in dem Vermächtnis an seinen Sohn, — Es sagt al-Ǧāḥiẓ (aus den »Geizigen«), — Es wurde gesagt, — Es sagte al-Kindī, — Es ist vom Propheten überliefert, — Es sagt der Weise Luqmān, — Es sagt al-Kumait b. Zaid zu 'Abbān b. Taʿlaba, — Es sagt der Weise, — Es sagt ʿAbdallāh b. al-Muʿtazz (Verse), — Aus dem Vermächtnis eines griechischen Königs an seinen Sohn, — Aus den Ermahnungen eines Kaufmanns an seinen Sohn.

Leider ist vorläufig nur bei wenigen Zitaten eine Identifizierung möglich gewesen. Siehe dafür die Übersetzung. Zweifellos handelt es sich dabei um die Gedankenwelt, die z. B. im *ʿIqd* des Ibn ʿAbd Rabbihi unter den Überschriften »Vorzug des Besitzes«, »Arten des Besitzes« (ed. Kairo 1293, I, 311) oder in den entsprechenden Kapiteln von Baihaqī's *K. al-maḥāsin wal-masāwī* ed. Schwally enthalten ist. Von hier führen Fäden zu Büchern wie Ibn Abi'r-Rabīʿ's oben besprochenem Werk und weiter zur spätgriechischen Populärphilosophie und Anthologie, Zusammenhänge, die man bisher mehr fühlen als beweisen kann. Noch dunkler sind die Beziehungen, die auf persische (pehlevi) oder gar indische Einflüsse hinweisen. Beziehungen zu der in *Kalīla u. Dimna* ausgesprochenen Moral sind unverkennbar.

Alle diese Ermahnungen haben im ganzen einen einheitlichen Charakter. Es ist durchweg praktische kaufmännische Lebensweisheit, ehrbare, aber letzthin egoistische Moral. »Halte deinen Reichtum zusammen, so wirst du allgemein Ansehen genießen«, »Hüte dich, einen Dirhem auszugeben, bis du etwas Besseres in der Hand hast«, »Fruchtbares Anlegen des Kapitals ist ein Hilfsmittel für edle Tugenden, eine Unterstützung für die Religion und ein Mittel, sich die Brüder geneigt zu machen«, einmal eine Warnung, ein Geldstück, auf dem der »ganze Islam« stehe, nicht für unnütze Zwecke auszugeben. — In dieser Art sind die Mahnungen alle gehalten. Von religiöser Begründung, altruistischen, sozialen Forderungen ist hier, wie es dem ganzen Charakter des Buches angemessen ist, keine Rede.

Denselben Charakter haben übrigens auch die Ratschläge für Kaufleute in dem handelswissenschaftlichen Teile des Buches. S. 43 wird dem Kaufmann geraten, Nachlaß zu gewähren. Mit welchen Gründen? »Die Butter verkauft den Kuchen«, auf Deutsch: Mit Speck fängt man Mäuse, meint der Autor. Wenn der Kaufmann sich vornimmt, keinen Nachlaß und kein Trinkgeld zu geben und recht genau abzuwägen, so wird der Kunde verdrießlich und geht ohne zu kaufen fort, und die Reue kommt dann zu spät; darum ist es besser, daß der Kaufmann diese kleinen Verluste von vornherein mit in Rechnung zieht, denn der Sperling in der Hand ist besser als die Taube auf dem Dache.

Vergleichen wir damit, mit wie völlig andersartiger Motivierung ein Mann wie Ghazālī das Gewähren von Nachlaß empfiehlt (Murtaḍà *Itḥāf as-sāda* V S. 490): »Das von Gott gebotene gerechte Wägen ist so schwer zu erreichen«, meint er, »daß der Kaufmann, um sich nicht der Übervorteilung schuldig zu machen, das Nachlassen, bezw. das reichliche Wägen beim Geben und das knappe Wägen beim Nehmen zu Hilfe nehmen muß, denn wer sein Recht bis zum letzten nehmen will, der ist nahe daran, es zu überschreiten.« Darauf erzählt er mehrere Geschichten von frommen Leuten, die hiernach gehandelt hätten. Einer von diesen pflegte stets ein halbes Gran (*ḥabba*) weniger zu nehmen und mehr zu geben, als er verpflichtet war; ein anderer reinigte sogar einen Denar von der anhaftenden Patina, um beim Wägen niemand zu übervorteilen.

Man sieht, hier ist das Ideal des Kaufmannes anders aufgefaßt.

Werfen wir zum Schluß einen Blick auf die hierher gehörige Literatur der religiös begründeten Ethik, die den Kaufmann zum Achten auf Gottes heiliges Gesetz und die Rücksicht auf den »Bruder Muslim« ermahnt. Zunächst mögen einige Proben aus der Hadithliteratur nach dem *Kitāb al-bujūʿ* des *Kanz al-ʿummāl* des Sujūṭī (Haiderābād 1312) folgen.

In den Spruchsammlungen, die die für das gesamte Leben des Gläubigen maßgebenden Worte und Taten der Nachwelt überliefern wollen, gilt das Gewerbe des Kaufmannes im allgemeinen als ein einträglicher und, wenn er in Frömmigkeit und Redlichkeit ausgeübt wird, als ein schöner Beruf. Der Handel ist einträglicher als die Viehzucht: »9/10 des von Gott gespendeten Lebensunterhaltes (*rizq*) kommen auf den Handel und nur eins auf die Viehzucht« (*Kanz* 2, 2411). Er ist bedeutend einträglicher als das Handwerk: »Der von Gott gespendete Lebensunterhalt besteht aus 20 Toren. Davon fallen 19 auf den Kaufmann und eines auf den Handwerker, und wie lieblich ist ein redlicher Kaufmann! (*Kanz* 2, 4227, 4742.) Der Prophet hatte selbst am Handel sein Wohlgefallen, wie aus seinem Verhalten zu dem sich kaufmännisch betätigenden Abū Bakr hervorgeht (4752). »Ich empfehle euch die Kaufleute«, soll der Prophet gesagt haben, »denn sie sind die Postboten der Welt, und die Treuhänder Gottes auf Erden« (*burudu l-āfāq wa-umanā' ullāhi fil-'arḍ* 4112). Freilich ist der Kaufmann mehr als andere der Versuchung zu gewissen Sünden ausgesetzt. Das Hauptlaster der Kaufleute ist das Lügen und das falsche Schwören (*inna t-tuǧǧār humu l-fuǧǧār* 4380). Dasselbe Hadith in ausführlicherer Fassung: »Die Kaufleute sind Lügner. Sie sprachen: O, Bote Gottes, hat nicht Gott den Kauf erlaubt? Da sprach er: Ja, aber sie erzählen und lügen und schwören und versündigen sich.« Vor Lügen wird mehrfach gewarnt: »Ihr Kaufleute, Gott wird euch am Tage der Auferstehung als Lügner auferwecken, ausgenommen den, der aufrichtig und fromm ist und das Depositum zurückgibt« (4205, ähnlich 4306): »O, ihr Kaufleute, hütet euch vor der Lüge!« (4307). »O, ihr Kaufleute, der Satan und die Sünde sind beim Verkauf zugegen, drum mischet euren Verkauf mit Almosen« (4309, ähnlich 4308, 4316, 4319, 4767). Auch vor falschem Wägen und Gewicht wird gewarnt: »O, ihr Kaufleute, ihr seid mit einer Sache (nach anderer Fassung: mit zwei Dingen) betraut worden, an der die früheren Gemeinden zugrunde gegangen sind, das Maß und die Wage« (4207).

Je seltener die redlichen Kaufleute sind, um so mehr werden die redlichen ihres Lohnes sicher sein. »Der zuverlässige, redliche, gläubige Kaufmann ist unter den Glaubenskämpfern am Tage der Auferstehung«

(4084), »Der redliche Kaufmann sitzt im Schatten des Thrones am Tage der Auferstehung« (4086) und ähnliches. Vgl. auch »Der schönste Erwerb ist ein frommer Verkauf und alle Handarbeit« (4063). Zur Redlichkeit gegen den Gesellschafter ermahnt das Hadith: »Siehe, Gott der Erhabene spricht: Ich bin der dritte von zwei Gesellschaftern, solange der eine den anderen nicht betrügt; wenn er ihn aber betrügt, so gehe ich aus ihrer Mitte weg« (4164).

Von einzelnen Arten des Handels wird rühmend hervorgehoben der Handel mit Stoffen und mit Stroh in folgendem Hadith: »Gib dich mit Stroh ab, denn sein Kapital ist gering und sein Gewinn ist groß, und gib dich ab mit Stoffen (*buzz*), denn in ihnen sind 9/10 des von Gott gewährten Lebensunterhalts« (4225). Vielleicht verdankt der Stoffhandel seine Vorzugstellung der Tatsache, daß der Kalif Abū Bakr ein Stoffhändler war: »Wenn es im Paradiese Handel gäbe, so wählte ich den Stoffhandel, denn Abū Bakr aṣ-Ṣiddīq war Stoffhändler« (4228). Mit dem Gewürzhandel zusammengestellt wird er in folgendem Hadith: »Wenn Gott, der Erhabene, den Bewohnern des Paradieses Handel zu treiben erlaubt hätte, würden sie in Stoffen und Gewürzen handeln« (4218). Dagegen ist der Getreidehandel höchlichst verabscheut: »Wenn es in der Hölle Handel gäbe, so würden sie daselbst Getreide verkaufen, und wer nur 40 Tage (solches) verkauft hätte, dessen Herz wird die Barmherzigkeit entrissen« (4230). Denn Getreidehandel ist gleichbedeutend mit Getreidespekulation (*iḥtikār*): »Ein schlechter Knecht ist der Getreidespekulant; wenn Gott die Preise billig macht, speichert er auf, und wenn er sie steigen läßt, freut er sich« (4588). »Wer unserem Markt Getreide zuführt, der ist wie der Glaubenskämpfer auf dem Wege Gottes, aber wer das Getreide wucherisch zurückhält, ist wie der, der das Buch Gottes schmäht« (4590). Doch die Strafe wird ihn schon ereilen: »Wer eine einzige Nacht meiner Gemeinde das Getreide vorenthält (*iḥtakara*), dessen Arbeit wird Gott 40 Jahre lang vergeblich sein lassen« (4594, ähnlich 4591). »Wer 40 Tage meiner Gemeinde das Korn vorenthält und es dann als Almosen gibt, von dem wird es nicht angenommen« (4593). Vgl. auch 4387—85.

Der Verkäufer soll dem Käufer die Fehler einer Ware nicht verschweigen: »Der Muslim ist der Bruder des Muslim, und es ist dem Muslim, der seinem Bruder etwas verkauft, nicht erlaubt, etwas zu verkaufen, woran ein Fehler ist, ohne denselben anzuzeigen« (4372).

Auch vor unlauterer Konkurrenz hat sich der Kaufmann zu hüten: »Der Mann soll seinem Bruder beim Verkauf und in der Brautwerbung keine Konkurrenz machen, außer wenn er es ihm erlaubt« (4429; ähnlich 4425—28, 30; 4357, 59). Andererseits soll auch kein Käufer den anderen überbieten: »Der Mann überbiete nicht das Angebot seines Bruders« (4358, 59). Der Verkäufer soll nicht einen Scheinkäufer anstellen, der auf eine Ware einen hohen Preis bietet, um sie den Kauflustigen begehrenswert zu machen (*nağš*, 4358, 4403). Man soll nicht den Karawanen und Importeuren entgegenkommen, um von ihnen zu kaufen, sondern soll die Bildung des Marktpreises abwarten (4399 bis 4424), und was dergleichen betrügerische Arten des Handels mehr sind [1]).

Wer beim Handel auf solchen unredlichen Wegen nach Gewinn trachtet, wird seiner Strafe nicht entgehen, er schließt sich selbst von der Gemeinschaft der Muslime aus: »Wer uns betrügt, gehört nicht zu uns« (4377, vgl. 4375, 76, 78—79, 81—85); auch Gott wird ihn nicht ungestraft lassen: »Wer eine fehlerhafte Sache verkauft, ohne den Fehler anzuzeigen, der hört nicht auf, von Gott gehaßt und von den Engeln verflucht zu werden« (4373). »Wer ein Stoffstück für 10 Dirhem kauft, und es ist ein unrechter Dirhem (d. *ḥarām*) darunter, von dem nimmt Gott kein Gebet an, solange noch etwas davon bei ihm ist« (4125). »Wer eine gestohlene Sache kauft und weiß, daß sie gestohlen ist, der hat an der Schande und Sünde teil« (4126, 32). Almosen von unrecht erworbenem Gelde wird nicht angenommen (4130, 32, 38, 39). »Wem es nicht darauf ankommt, durch Wucher Vermögen zu erwerben, bei dem wird es Gott nicht darauf ankommen, von woher er ihn ins Höllenfeuer befördert« (4140).

Statt den anderen zu betrügen, soll man ihm vielmehr Nachlaß gewähren und ihm reichlich zumessen: »Gott liebt einen Knecht, der Nachlaß gewährt bei Kauf und Verkauf, beim Bezahlen und Einfordern« (4293, vgl. 94—97, 4323). »Halte dich an das erste Angebot, denn der Gewinn ist mit dem Nachlaß verbunden« (4398), »der Segen liegt im Nachlaß« (4304). »Der Prophet pflegte zu sagen: O, du Wäger, gib zu beim Wägen!« (4307).

Ein Zeichen von allzu großer Gier ist es auch, wenn der Kaufmann übermäßig früh zum Markte geht und ihn übermäßig spät verläßt. Man soll das aus einem bestimmten Grunde vermeiden: »Die bösen Geister (*šajāṭīn*) kommen des Morgens mit ihren Fahnen auf

---

[1]) Zu den letztgenannten betrügerischen Erwerbsarten vgl. die entsprechenden Kapitel des *Fiqh*, z. B. Aš-Šīrāzī, *Tanbīh*, ed. Juynboll S. 104 ff. Freilich ist mit dem Aufgezählten nur der kleinste Teil seiner im *Kitāb al-bujū'* verbotenen Geschäfte genannt; es kam hier nur darauf an, einiges für die Berufsethik des Kaufmanns besonders Charakteristische zusammenzustellen. Die hauptsächlichsten, im Gesetz verbotenen Verkäufe hat Félix Arin, *Recherches historiques sur les opérations us uaires et aléatoires au droit musulman*, Paris 1909, S. 37 ff. einer Betrachtung unterzogen.

die Märkte; sie betreten sie mit dem ersten, der sie betritt, und verlassen sie mit dem letzten, der sie verläßt« (4165). »Sei nicht der erste, der auf den Markt geht, und nicht der letzte, der ihn verläßt, denn es ist der Kampfplatz des Satans, und er pflanzt darauf sein Banner« (4204, ähnlich 4203); überhaupt sind die Märkte »der schlechteste Teil der Länder« (4167). Man vergesse endlich nicht, beim Betreten des Marktes Gott zu »erwähnen«: »Wer beim Betreten des Marktes sagt: Es gibt keinen Gott außer Allah allein, er hat keinen Genossen, ihm gehört die Herrschaft, ihm das Leben, er macht lebendig und tot und ist der Lebendige, und das Gute lebt in seiner Hand, und er ist über alle Dinge mächtig — dem schreibt Gott eine Million guter Werke auf und streicht eine Million schlechter Werke aus, und erhebt ihn eine Million Stufen und erbaut ihm ein Haus im Paradiese« (4196, vgl. 4197—99, 4312, 4740). Ähnliches gilt für das Verlassen des Marktes.

Diese Proben mögen genügen. Da es hier nur im allgemeinen auf den ethischen Charakter der Traditionen ankam, sind die Hadithe, die das Belegmaterial der in den *Fiqh*büchern behandelten Regeln der *Scherī'a* für Kauf und Verkauf (*bujū'*) darstellen, weggelassen.

Neben dem Mosaik der von den Kompilatoren aus gar vielen Richtungen zusammengetragenen Sprüche des Hadith wird es interessant sein, zu sehen, was ein systematischer Ethiker wie Al-Ghazālī über den Kaufmann zu sagen hat. Das Buch in der »Wiederbelebung der Religionswissenschaften«, das über die guten Sitten beim Erwerb und Lebensunterhalt (*Kitāb 'ādāb al-kasb wal-ma'āš*; *Iḥjā*, 2. *rub'*, 3. *Kitāb*; ed. Kairo 1312 Bd. II 39; im Kommentar des Murtaḍà *Itḥāf as-Sāda* [ed. Kairo] V, 411 ff.) handelt, beginnt damit, das rechte Verhältnis zwischen dem Streben nach diesseitigem Lebensunterhalt und nach dem Leben des Jenseits zu beleuchten: Es gibt drei Arten von Menschen; die einen zieht die Beschäftigung mit dem Lebensunterhalt von der Sorge um die Seligkeit ab — sie gehören zu denen, die verloren gehen; die anderen sorgen nur für das jenseitige Leben und kümmern sich nicht um irdische Nahrungssorgen — sie werden entrinnen; dem Rechten am nächsten aber sind die, die das Streben nach irdischem Lebensunterhalt um des Jenseits willen betreiben — das sind, die die rechte Mitte innehalten. Nicht in der Weise soll das Leben in dieser Welt eine Vorbereitung auf das zukünftige sein, daß dabei die Sorge um den Lebensunterhalt unberücksichtigt bleibt, nein, der Nahrungserwerb ist Hilfsmittel und Instrument zur Erlangung des jenseitigen Lebens. Diese Welt ist ein Saatfeld für jene Welt, eine Vorstufe zu ihr. — Diese in der Einleitung deutlich ausgesprochene antiasketische Auffassung zieht sich das ganze Buch hindurch und beherrscht auch das erste Kapitel: »Über den Vorzug des Erwerbs und die Anspornung zu ihm«. Aus Koran, Hadith (*aḫbār*) und den Überlieferungen von weisen, frommen Männern (*āṯār*) werden Stellen angeführt, die das redliche Arbeiten um das tägliche Brot über das pietistische Gottvertrauen (*tawakkul*) der Asketen (das so leicht die praktische Form des Bettelns annimmt) stellen. Dabei wird auch des Handels freundlich gedacht, z. B. »Die Märkte sind die Tische Gottes, und wer zu ihnen kommt, der bekommt von ihnen« (*Itḥ.* V, 417); »Man fragte Ibrahīm (Ibn Jazīd an-Naḫa'ī), ob ihm ein redlicher Kaufmann lieber sei als einer, der sich von aller Arbeit zu gottesdienstlichen Übungen frei halte. Da sagte er: Der redliche Kaufmann ist mir lieber, denn er steht im heiligen Krieg, der Satan kommt zu ihm auf dem Wege des Maßes und der Wage und von der Richtung des Nehmens und Gebens, und so kämpft er den heiligen Krieg mit ihm« (S. 418); »Es sagte 'Omar: Ich möchte in keinem Orte lieber vom Tode überrascht werden als da, wo ich Marktgeschäfte treibe für meine Familie durch Kaufen und Verkaufen.« Mit dem unfreundlichen Ausspruch des Salmān al-Fārisī: »Wem es möglich ist zu sterben als Pilger oder als Kämpfer im heiligen Krieg oder als Besucher der Moschee seines Herrn, der tue es und sterbe nicht als Kaufmann und als Betrüger« setzt sich Al-Ghazālī in folgender Weise auseinander: »Wir sagen nicht, daß der Handel unbedingt besser als jede andere Sache sei. Durch den Handel kann entweder Genüge erstrebt werden oder Reichtum und Überfluß; wenn durch ihn mehr als Genüge erstrebt wird, um Vermögen anzuhäufen und aufzuspeichern, nicht um es zu guten Zwecken auszugeben, so ist das zu tadeln; denn das ist ein Schritt nach der Welt hin, und die Liebe zu ihr ist der Ursprung aller Sünde. Und wenn der Kaufmann dazu noch auf Übervorteilung bedacht und unredlich ist, so ist das Unrecht und Unsittlichkeit, das ist es, was Salmān meinte. Wenn er aber dadurch für sich und seine Kinder Genüge erstrebt, was er wohl auch durch Betteln erreichen könnte, so ist der Handel, bei dem man sich rein hält von Betteln, vorzuziehen usw.« (S. 420).

Nur für vier Klassen von Leuten ist es besser, die Erwerbstätigkeit zu unterlassen: für den, der sich mit körperlichen gottesdienstlichen Übungen beschäftigt, für den (Mystiker), der in dem »Innerlichen« reist und mit dem Herzen in den Wissenschaften der mystischen Zustände und Offenbarungen arbeitet (*rağulun lahu sairun bil-bāṭini wa 'amalun bil-qalbi fī 'ulūm al-aḥwāli wal-mukāšafāt*), für den, der in den äußeren Wissenschaften, durch die die Leute in der Religion gefördert werden, Unterweisung erteilt, wie der Mufti, der Koranausleger, der Traditionarier und ihresgleichen, oder für den, der sich für das Wohl der Muslime bemüht und sich mit ihren Angelegenheiten abgibt, wie der Sultan, der Richter, der Zeuge und ihresgleichen. Für sie ist es das Richtige, diesen Pflichten obzuliegen und nicht dem Erwerbe nachzugehen. Sie haben das Recht, sich von der Menschheit, der sie nützen, ernähren zu lassen.

Auf diese und ähnliche Erörterungen folgt ein Kompendium des Obligationenrechtes, das das Nötigste, was der erwerbstätige Muslim von diesen Regeln wissen muß, enthalten soll. Ghazālī hält es freilich für nötig, die Notwendigkeit dieser Kenntnis durch eine besondere Betrachtung plausibel zu machen.

Doch wenn ein Kaufvertrag auch der Form nach unanfechtbar und rechtsgültig ist, so kann er doch das Mittel sein, dem anderen auf unmoralische, Gottes Geboten zuwiderlaufende Weise Unrecht und Schaden zuzufügen (*Itḥ.* S. 471). Ghazālī unterscheidet unter derartigen Geschäften zwischen solchen, die gemeinschädlich sind, und solchen, bei denen nur der einzelne, mit dem das Geschäft geschlossen wird, zu Schaden kommt.

An erster Stelle unter den Vertretern gemeinschädlicher Geschäfte steht der Nahrungsmittel-, speziell der Getreidespekulant (*muḥtakir*). Sein Treiben wird unter Anführung zahlreicher Hadithe und sonstiger frommer Erzählungen auf das schärfste verurteilt, während sein Gegenteil, der, der das Getreide auf den Markt bringt (*ǵālib*) der besonderen göttlichen Gnade versichert wird: »Wenn jemand Getreide auf den Markt bringt und zum Tagespreise verkauft, so ist es, als ob er es als Almosen gegeben hätte«, nach anderer Version, »als ob er einen Sklaven freigelassen hätte« (S. 478). Als nachahmenswertes Beispiel wird die Geschichte von einem frommen Kaufmann erzählt, der das von seinem Vertreter durch Getreidespekulation gewonnene Geld unter die Armen verteilen ließ. — Das Gebot ist nicht auf das Zurückhalten des Getreides beschränkt, es gilt für alle Nahrungsmittel. Freilich sind sich über diese Frage die Rechtsgelehrten nicht einig; nach manchen gilt das Gebot nicht für die Zukost, wie Butter, Honig und dergleichen, nach anderen ist es einzuschränken auf das Zurückhalten in solchen Zeiten, wo Mangel an der betreffenden Ware herrscht. Ghazālī bezeichnet treffend als maßgebend für den Grad der Verwerflichkeit den mehr oder weniger großen Schaden, der der Bevölkerung zugefügt wird (S. 480).

Die zweite Arte gemeinschädlicher Vergehen ist das In Umlauf setzen falscher Münzen, die von Hand zu Hand wandern und so eine Schädigung der Gesamtheit herbeiführen: »Einen falschen Dirhem auszugeben ist schlimmer als ein Diebstahl von 100 Dirhems; denn der Diebstahl ist eine Sünde, die, wenn sie vollendet ist, aufhört, mit dem Ausgeben eines falschen Dirhems aber führt man eine verwerfliche Neuerung (*bid'a*) und eine schlechte Übung (*sunna*) ein, die noch nach dem Urheber andauert über seinen Tod hinaus, bis der Dirhem verschwunden ist; und all das ungerechte Gut von ein- und zweihundert Jahren kommt auf seine Rechnung. Selig ist der, dessen Sünden mit seinem Tode sterben. Wehe aber dem, bei dem sie noch nach dem Tode andauern hundert, zweihundert und mehr Jahre, er wird dafür in seinem Grabe bestraft und dafür verantwortlich gemacht werden, bis der letzte Rest des Geldes vernichtet ist«. An fünf Dinge hat sich der Kaufmann in Beziehung auf das falsche Geld zu halten: 1. Wenn er falsches Geld bekommt, so soll er es in einen Brunnen werfen, wo keine Hand mehr daran reichen kann. 2. Ist es Pflicht des Kaufmanns, sich genaue Kenntnis der Münzen anzueignen, damit er nicht, ohne es zu wissen, einem Gläubigen eine falsche Münze ausliefert. 3. Wenn er einem anderen mit dessen Wissen mit falscher Münze bezahlt, so ist er nicht frei von Schuld, denn er weiß, daß jener sie bei einem anderen Geschäft wieder in Umlauf setzen wird; und auch wenn das nicht der Fall ist, so ist es doch sicher, daß der andere im Grunde die falsche Münze nicht begehrt, und er wird nur frei von der Sünde, die den Kontrahenten speziell betrifft. 4. Wenn er falsche Münze annimmt, um dadurch an dem Segenswunsch, den der Prophet über den, der »entgegenkommend (*sahl*) ist bei Kauf und Verkauf, Bezahlen und Einfordern der Schuld« ausgesprochen hat, teilzuhaben, so darf er nur dann auf diesen Segen hoffen, wenn er die Absicht hat, die falsche Münze nachher in den Brunnen zu werfen, nicht wenn er sie weiter in Umlauf setzen will. 5. An fünfter Stelle wird darüber gehandelt, welche Münze gesetzlich als gefälscht und welche als echt zu gelten haben. Unter gefälschten Münzen sind Dirhems zu verstehen, die kein Silber, und Denare, die kein Gold enthalten. Über die Gültigkeit von Dirhems, die aus einer Legierung von Silber und Kupfer bestehen, gehen die Lehrmeinungen auseinander. Nach Ghazālī sind sie als echt anzusehen, wenn sie als landesübliche Münze gelten, gleichviel, ob das Legierungsverhältnis bekannt ist oder nicht. Sind sie nicht gültige Landesmünze, so sind sie dann als echt anzusehen, wenn der Silbergehalt bekannt ist. Ist aber der Silbergehalt geringer, als in der Landesmünze üblich, so ist das dem Kontrahenten anzuzeigen, auch darf solche Münze nur beim Geschäftsverkehr mit Leuten gebraucht werden, die das unlautere In Umlauf setzen von Münzen nicht für erlaubt halten. Im Geschäftsverkehr mit Leuten, die das für erlaubt halten, sind solche Münzen wie die Trauben zu betrachten, die man jemandem verkauft, von dem man weiß, daß er Wein daraus machen wird. Zum Schluß wird an einer Anekdote erläutert, wie ängstlich die Alten in solchen Dingen waren: Ein Streiter im heiligen Krieg versuchte dreimal vergeblich, auf seinem Pferde einen Barbaren niederzumachen. Jedesmal stockte das Pferd im entscheidenden Augenblick, und er mußte betrübt nach Hause zurückgehen. Da ist es ihm des Nachts im Traum, als ob sein Pferd ihn anredete und spräche: »Wie hast du dreimal einen Barbaren bezwingen wollen, wo doch unter dem Gelde, mit dem du gestern mein Futter gekauft hast, ein falscher Dirhem war!« Der Reitersmann wacht erschreckt auf und wechselt den Dirhem aus.

Der folgende Abschnitt handelt über das, was dem einzelnen, mit dem das Geschäft abgeschlossen wird (*muʿāmal*), Schaden bringt.

Als allgemeine Richtschnur des Handels wird die moralische Weisung gegeben, man soll für seinen Bruder nichts gern haben, als das, was man für sich selbst gern hat. Dieses Gebot findet seine Anwendung auf vierfache Weise: 1. Der Verkäufer soll die Ware nicht loben; denn wenn sie die berühmten Eigenschaften nicht hat, so ist das Loben Lüge, und wenn der Käufer ihm glaubt, so kommt dazu noch Übervorteilung und Betrug. Glaubt er ihm nicht, so hat er doch seine ehrenhafte Gesinnung preisgegeben (*asqaṭa murūʾatahu*), entspricht das Lob aber der Wahrheit, so ist es überflüssiges Geschwätz; und er hat Rechenschaft zu geben über jedes Wort, was aus seinem Munde geht, warum er es gesagt hat. Nur solche Eigenschaften der Ware darf der Verkäufer rühmend hervorheben, die sein Kunde ohnehin nicht wissen kann, so z. B. die Fähigkeiten, die ein Sklave besitzt, und dergleichen, aber auch hierbei hat er sich vor Übertreibung zu hüten. Durchaus vermeiden muß er das Schwören; denn schwört er falsch, so macht er sich des wissentlichen Meineides schuldig (*al-jamīn al-ġamūs*) [1]), der zu den großen Sünden gehört, die die Wohnstätten öde machen. Ist aber der Schwur wahr, so macht er Gott zum Ziele seiner Eide [2]) und tut übel daran; denn die Dinge dieser Welt sind zu gering, als daß man durch unnötiges Nennen des Namens Gottes ihnen Absatz zu verschaffen suchen dürfte. Es folgt eine Reihe von Überlieferungsprüchen, die vor dem Schwören warnen. Die erbauliche Anekdote am Schluß handelt von einem gewissenhaften Florettseidenhändler (*ḫazzāz*), der ein von einem Kunden verlangtes Stück Zeug nicht verkaufen wollte, weil sein Sklave unbedachter Weise beim Ausbreiten des Stückes in den Ausruf ausgebrochen war: »O Gott, beschere uns

---

1) Vergl. PEDERSEN, *Der Eid bei den Semiten*, S. 192; 217.

2) Was nach Sure 2, 224 verboten ist.

das Paradies!«, was der fromme Mann schon als einen Verstoß gegen das Verbot, die Ware zu loben, betrachtete.

An zweiter Stelle (*Itḥ.* S. 485) wird dem Kaufmann zur Pflicht gemacht, alle an der Ware vorhandenen Fehler zu sagen. Wer das unterläßt, macht sich des Betruges schuldig und vernachlässigt zugleich die Pflicht des »guten Rates« (*nuṣḥ*), die jedem Muslim seinem Bruder gegenüber obliegt. Zu diesem Verbergen der Fehler gehört es auch, wenn man von den zwei Seiten des Stoffes nur die gute Seite zeigt, wenn man die Stoffe in dunklen Räumen vorlegt, wenn man nur den besseren von zwei Pantoffeln oder Schuhen vorweist, und was dergleichen mehr ist. Eine Tradition bringt für das Verbot, die Fehler zu verheimlichen, einen Beleg aus dem Munde des Propheten. Einige andere Traditionen sollen die Pflicht des »guten Rates« — man kann diesen Terminus fast mit »Altruismus, Uneigennützigkeit« übersetzen — einschärfen. Darauf folgt folgende Betrachtung:

Die Leute verstanden nun unter dem »guten Rat«, daß man nichts für den Bruder gern haben solle, was man nicht für sich selbst gern hätte, hielten aber nicht dafür, daß das zu den besonderen Tugenden (*faḍā'il*) und zu dem Mehr der (mystischen) Stationen (*zijādat al-maqāmāt*) gehöre, sondern wähnten, daß es zu den Bedingungen des Islam, die in ihrer Huldigung mit einbegriffen seien, gehöre, und es war das den meisten Leuten zu schwierig, darum zogen sie es vor, sich ganz der religiösen Übung (*'ibāda*) zu weihen und sich von den Menschen fernzuhalten, weil das Erfüllen der Pflichten gegen Gott (*ḥuqūq allāh*) beim Zusammensein und im Geschäftsverkehr mit den Menschen ein heiliger Krieg ist, den nur die Gerechten (*ṣiddīqūn* besonders Frommen) durchführen können. Es ist das dem Gottesknecht nur möglich dadurch, daß er an zwei Dinge glaubt, deren eines ist, daß das Verbergen der Fehler zum Zweck, den Waren Absatz zu verschaffen, seinen (von Gott bestimmten) Lebensunterhalt nicht vermehrt, sondern zum Verschwinden bringt und den Segen davon nimmt, und daß das, was er durch vielmalige Betrügereien zusammenbringt, von Gott mit einem Schlage wird vernichtet werden. Denn es heißt im Hadith: »Die Hand Gottes ruht über zwei Partnern, solange sie sich nicht gegenseitig betrügen; betrügen sie sich aber, so zieht er seine Hand zurück«, und weiter: »Durch Unredlichkeit nimmt ein Vermögen nicht zu, wie es nicht abnimmt durch Almosen«. Freilich, meint Ghazāli, ist dies Hadith nicht materiell zu verstehen. Wer Zuwachs und Abnahme nur mit der Wage mißt, wird das Hadith nicht glauben. Wer aber weiß, daß ein einziger Dirhem so gesegnet werden kann, daß er zur Ursache des menschlichen Glückes in Welt und Religion wird, und daß ein Vermögen von Tausenden, von dem Gott den Segen genommen hat, dem Menschen die Ursache des Verderbens werden kann, der versteht den Sinn des angeführten Spruches.

Das zweite, an das der Mensch glauben muß, damit er die Pflicht des »guten Rates« erfüllen kann, ist, daß der Gewinn der jenseitigen Welt und ihres Reichtums besser ist als der dieser Welt, und daß der Nutzen der Güter dieser Welt aufhört mit dem Ende des Lebens, und daß nur das Unrecht und die Sünde (die bei ihrer Erwerbung begangen wurden) davon übrig bleiben.

Die dritte Pflicht des Kaufmanns ist gerechtes und reichliches Wägen und Messen (S. 489). Um dem schon im Koran [1]) verurteilten knappen Zuwägen und Messen und reichlichen Sich-zuwägen-lassen (*taṭfīf*) zu entgehen, muß man, da das genaue Gleichmaß kaum je zustande kommt, beim Geben etwas über das Gewicht hinzutun und beim Nehmen etwas nachlassen; denn wer sein Recht vollständig nehmen will (*istaqṣà*), ist nahe daran, es zu überschreiten. Für diesen guten Brauch werden zahlreiche Belege aus dem Leben und den Worten der Propheten und den Frommen der alten Zeit gegeben. Im einzelnen werden unter denen, die sich des ungerechten Zumessens (*taṭfīf*) schuldig machen, noch genannt (S. 492) der Metzger, der mehr Knochen gibt, als üblich ist, der Stoffhändler, der, wenn er einkauft, beim Messen ein Stück überhängen läßt, dasselbe Stück aber beim Verkaufen auf der Elle mitmißt. Für sie alle gilt der Mahnruf des Korans.

Endlich soll der Kaufmann den Tagespreis richtig angeben und nichts davon verbergen. Gh. führt hier einige Geschäfte auf, die auch in den *Fiqh*büchern mehr oder weniger ausführlich behandelt werden. So ist es verboten, den Karawanen entgegenzugehen (*talaqqī ar-rukbān*), d. h. nach Ghazālī, ihnen vor Ankunft auf dem Markte unter Angabe eines falschen Marktpreises Waren abzukaufen. Ein derartiger Kauf hat nach den Lehren des *Fiqh* das Optionsrecht (*ḫijār*) des Verkäufers zur Folge. Stets mit dem vorangehenden zusammen wird als verboten genannt der Verkauf des Städters für den Beduinen (*baiʿ al-ḥāḍir lil-bādī*). Er besteht darin, daß der Städter den Beduinen, der Lebensmittel auf den Markt bringen will, auffordert, ihm den Verkauf zu überlassen, damit er den Verkaufspreis möglichst steigern kann, ein Zwischenhandel, durch den naturgemäß die Städter geschädigt werden.

Das nächste Kapitel (S. 494) handelt über das Erweisen von Freundlichkeit (*iḥsān*) im Handelsverkehr. Das »Erweisen von Freundlichkeit« wird zusammen mit der Gerechtigkeit (*ʿadl*) schon im Koran

---

[1]) Sure 83, 1.

empfohlen [1]). Sie besteht nach Gh. darin, daß man dem anderen mit dem man in Geschäftsverkehr steht, einen Nutzen zukommen läßt, den zu gewähren man nicht gesetzlich verpflichtet ist.

Es werden sechs Arten dieser verdienstlichen Übung beschrieben. Die erste Art ist die, die beim Verkauf mit Gewinn (*muġābana*) geübt wird. Da der Zweck des Handels der Gelderwerb ist, ist auch der Gewinn, und zwar in beliebiger Höhe, erlaubt. Die Hanbaliten lehren zwar, daß ein Gewinn von mehr als einem Drittel Option des Käufers herbeiführe, doch stehen sie mit dieser Ansicht allein.

Wenn nun ein Käufer von sich aus, entweder weil ihm an der Ware viel liegt, oder weil er sie dringend nötig hat, bedeutend mehr bietet als Brauch ist, so soll der Verkäufer die gebotene Summe nicht annehmen. Als Beispiel hierfür wird unter mehreren anderen folgende Geschichte erzählt: »Der bekannte Mystiker As-Sirrī kaufte einst ein Kurr Mandeln für 60 Denare und notierte in seinem Tagebuch (*rūznāmaǧ*) drei Denare Gewinn. Er verzeichnete also auf 10 Kurr $^1/_2$ Denar Gewinn. Nun stiegen die Mandeln auf 90 Denare. Der Makler aber war ein frommer Mann und sagte: Die Mandeln sind auf 90 gestiegen. — Da sagte As-Sirrī: Ich habe mir eine Verpflichtung auferlegt (*ʿaqadtu ʿaqdan*), die ich nicht lösen werde, ich verkaufe sie für 63 Denare. Da sprach der Makler: Und ich habe mich Allah gegenüber verpflichtet, daß ich keine Gläubigen betrügen will, ich nehme sie nur von dir zu 90. Und so kaufte weder der Makler von ihm, noch verkaufte As-Sirrī dem Makler. Und das war lautere »Freundlichkeitserweisung« auf beiden Seiten, denn sie wußten beide zugleich den wahren Sachverhalt.« In den anderen Geschichten ist es gewöhnlich nur ein Teil, der die Tugend übt, während der andere zumeist über dieses ungewohnte Verfahren über die Maßen erstaunt ist.

2. (S. 497.) Wie der Käufer durch Verzicht auf ihm zustehenden Gewinn »Freundlichkeit erweisen soll«, so ist es umgekehrt Sache des Käufers, ohne Protest sich eine Übervorteilung gefallen zu lassen, wenn der Verkäufer ein armer Mann ist, der das Geld nötig hat. Das ist das »Entgegenkommen beim Kaufen«, das der Prophet empfohlen hat. Freilich ist es nicht lobenswert, sich Übervorteilung von einem reichen Kaufmann gefallen zu lassen. Für den, der das tut, gilt das Hadith: »Wer sich im Kauf übervorteilen läßt, ist weder Lobes noch Lohnes wert«.

3. Beim Einfordern des Preises und sonstiger Ausstände (*dujūn*) besteht das *iḥsān* einmal darin, daß man etwas von dem geschuldeten

---

[1]) Sure 16, 92.

Betrag nachläßt, und sodann darin, daß man Verlängerung der Frist gewährt, sowie, daß man nicht zu streng ist im Aussuchen guter Münzen. Das ist das »Entgegenkommen beim Einfordern der Schuld« in dem mehrfach erwähnten Ausspruch des Propheten. Es folgen wieder die üblichen Hadithe und Erzählungen.

4. (S. 502.) Das *iḥsān* beim Bezahlen der Schuld, die vierte Art des »Entgegenkommens«, auf das der Prophet seinen Segen gelegt hat, besteht darin, daß der Schuldner von selbst den Gläubiger aufsucht und ihm nicht die Mühe macht, zu ihm zu kommen und sein Recht zu fordern. Es heißt im Hadith: »Der beste von euch ist der, der am schönsten seine Verpflichtungen erfüllt. Und die Verpflichtung, die ein Schuldner erfüllen kann, die soll er schleunigst erfüllen, auch vor dem Termin und in noch besserer und schönerer Qualität als ausbedungen war. Wer dazu nicht imstande ist, der soll die Absicht fassen, zu erfüllen, was er kann.« Und ferner: »Wer eine Verpflichtung auf sich nimmt und die Absicht faßt, sie zu erfüllen, für den bestimmt Gott Engel, ihn zu behüten und Segenswünsche für ihn zu sprechen, bis er sie erfüllt hat.« Manche der Alten sollen wegen dieser Traditionen (um ihres Segens teilhaftig zu werden) ohne Not Schulden gemacht haben (*jastaqriḍūn*). Wenn der Gläubiger grobe Worte braucht, so soll man ihm freundlich entgegnen, wie es schon der Prophet getan hat.

Wenn aber zwischen Gläubiger und Schuldner (*muqriḍ* und *mustaqriḍ*) ein Wortwechsel entsteht, so hat man die Partei des Schuldners zu ergreifen, »denn der Gläubiger gewährt das Darlehen vom Reichtum, der Schuldner aber nimmt das Darlehen aus Not« [1]), — ebenso wie der Verkäufer mehr als der Käufer Unterstützung verdient, denn der erstere will die Ware los werden, der Käufer aber hat sie nötig, — es sei denn, daß der Schuldner »das Maß überschreitet«, in welchem Falle man ihn daran zu verhindern hat.

5. Fünftens soll man dem, der von einem Kaufvertrag zurücktreten möchte (*istaqāla*), die Lösung des Vertrages gewähren, denn nur der, den ein Kauf gereut, weil er sich dadurch geschädigt sieht, wird um solches bitten; der Prophet hat gesagt: »Wer einem, den der Handschlag gereut, Lösung vom Vertrage gewährt, dem wird Gott von seinen Verfehlungen am Tage der Auferstehung Lösung gewähren.«

6. Der Kaufmann soll den Armen auf Kredit verkaufen und den Preis nur einfordern, wenn ihnen die Bezahlung möglich ist. In welcher

---

[1]) In diesem Charakter des Darlehens liegt bekanntlich der Schlüssel zum Verständnis des koranischen Wucherverbotes (speziell des *ribā al-qarḍ*), freilich nicht aller der im *Fiqh* festgelegten *Ribā*-Gesetze, die ja auch nicht dazu da sind, vom menschlichen Verstande begriffen zu werden (vergl. SNOUCK HURGRONJE, *Indische Gids* 1884, I, S. 741 f.).

Weise das geschieht, erhellt am besten das Beispiel der Alten: Manche der Alten hatten nämlich ein besonderes Rechnungsbuch, in dem die Namen der unbekannten armen Leute eingetragen waren. Wenn dann ein Armer kam und Getreide oder Früchte verlangte, aber kein Geld zum Bezahlen hatte, ließen sie ihn das Gewünschte nehmen mit der Weisung, den Preis zu bezahlen, wann es ihnen möglich wäre. Doch wurden diese Kaufleute nicht einmal zu den besten gerechnet, das wurden die, die die Schuld überhaupt nicht eintrugen, sondern sprachen: Nimm, was du willst, und wenn dir's möglich ist, bezahle, wenn aber nicht, so bist du frei von der Schuld.

So war, sagt Gh., die Art, wie die Alten Handel trieben, und wer danach handelt, der erwirbt sich das Verdienst des »Belebens der Sunna«.

Kurz, der Handel ist der Prüfstein der Männer, und an ihm wird die Religion und die Frömmigkeit (*wara'*) des Mannes erprobt. Daß überhaupt das sittliche Leben, nicht das Erfüllen kultischer Pflichten als Maßstab zur Beurteilung der Frömmigkeit eines Mannes zu gelten hat, veranschaulicht Gh. zum Schluß dieses Abschnittes durch folgende Geschichte:

Ein Mann trat beim Kalifen 'Omar als Zeuge auf. Um zu erfahren, ob er die zum Zeugenamt gesetzlich erforderlichen Eigenschaften besitze, sagte er zu ihm: Bringe mir einen Mann, der dich kennt. Da brachte er einen Mann, der sagte Löbliches über ihn aus. 'Omar sprach zu ihm: »Bist du sein nächster Nachbar, der seinen Ein- und Ausgang kennt?« Der Mann verneinte. 'Omar fragte weiter: »Bist du sein Gefährte auf der Reise gewesen, woselbst man den edlen Charakter des Mannes erkennt? Wieder verneinte jener. Darauf 'Omar: Hast du mit ihm Geschäfte gemacht in Denaren und Dirhems, an denen sich die Frömmigkeit des Mannes zeigt? Nein, sprach jener. So hast du ihn, denke ich, in der Moschee stehend und den Koran murmelnd, das Haupt manchmal neigend und manchmal erhebend gesehen? Da sagte er: Ja. Und 'Omar sprach: Dann gehe fort, denn du kennst ihn nicht; du aber, sprach er zu dem Zeugen, bringe mir jemanden, der dich kennt!«

Doch wie die Leute auf falschem Wege sind, die wegen der gottesdienstlichen Übungen die Sorge für den Lebensunterhalt vernachlässigen, so darf umgekehrt der Kaufmann sich auch nicht durch die irdischen Dinge von der Sorge um seine Seligkeit abwenden lassen, sonst ist sein Leben unnütz vergeudet, und sein Handschlag bringt ihm Verlust und nicht Gewinn. Der Gewinn, der ihm in der anderen Welt entgeht, kann durch das in dieser Welt Gewonnene nicht ersetzt werden: er kauft das diesseitige Leben mit dem Preise des jenseitigen.

Wie nun der Kaufmann im praktischen Leben das Heil seiner Seele zu wahren hat, das wird in dem letzten Kapitel des Buches »Über die guten Sitten des Erwerbs und Lebensunterhalts« geschildert. In den sechs Abschnitten dieses Kapitels entwirft Gh. zugleich zusammenfassend ein Gesamtbild des idealen frommen Kaufmannes, der, wohl wissend, daß dieses Lebens Güter, die doch keinen bleibenden Wert haben, ihn gar leicht in Schuld verstricken und seinen Blick ablenken können von dem Ziele, das der Zweck seines Daseins ist, dennoch nicht dem Kampfe entflieht, sondern als ein treuer Streiter auf dem Wege Gottes kämpft.

1. Das erste, womit der Kaufmann sein Gewerbe beginnen muß, ist der gute Wille (die gute Absicht, *ḥusn an-nīja*) und der gute Glaube (*ḥusn al-ʿaqīda*). Sie führen ihn dazu, sich rein zu halten vom Betteln und vom Begehren fremden Gutes. Er wird sich mit dem begnügen, was er von den Menschen auf erlaubte Weise erwerben kann. Das Erworbene wird er verwenden zu frommen Zwecken und zum Unterhalt der Familie. Er wird in uneigennütziger Weise nur das Beste der Gläubigen sich vornehmen (*janwī'n-nuṣḥa lil-muslimīn*) und für sie das wünschen, was er sich selber wünscht. Beim Geschäftsverkehr folgt der fromme Kaufmann dem Pfad der Rechtlichkeit (*ʿadl*) und des Erweisens von Freundlichkeit (*iḥsān*). Er wird den guten Brauch fördern und den schlechten zu verhindern suchen, bei allem, was er auf dem Markte sieht (*janwī l-amra bil-maʿrūfi wan-nahja ʿan al-munkar*). Wenn er beim Handel Gewinn erzielt, so ist ihm das von Gott geschenkte Zugabe (*mazīd*), hat er Verlust in dieser Welt, so wird er durch Gewinn in der anderen entschädigt.

2. Er wird sein Gewerbe oder seinen Handel als eine soziale Aufgabe oder, muslimisch ausgedrückt, als eine Gemeindepflicht (*farḍ al-kifāja*) auffassen. Denn wenn Handel und Gewerbe aufgegeben würden, so würde der größte Teil des Volkes zugrunde gehen, denn die Ordnung des Gemeinwesens beruht auf der gegenseitigen Unterstützung der verschiedenen Gewerbe, deren Verschiedenheit darin notwendig ist. Manche Leute wollen das bekannte Hadith: Die Verschiedenheit meiner Gemeinde ist Barmherzigkeit, eben von der Verschiedenheit der Gewerbe verstanden wissen. Freilich ist nicht jedes Gewerbe löblich. Manche von ihnen sind wichtig, andere unnötig, weil sie auf das Trachten noch Wohlleben und Schmuck mit weltlichem Tand zurückgehen. Nur ein Gewerbe der ersteren Art soll der Fromme ausüben. Als verwerflich (*makrūh*) sind demnach zu betrachten folgende Gewerbe:

Die Malerei, die Gießerei, das Auffrischen der Gebäude (*ǧiṣṣ*), wie alles, was zum eitlen Schmuck der Welt dient (*mā wuḍiʿa lituzaḫrafa biḥi d-dunjā*), das Herstellen der Instrumente, deren Gebrauch verboten ist, das Schneidern seidener Gewänder für die Männer, das Herstellen goldener und silberner Sättel und goldener Siegelringe für die Männer. Alle diese Arbeiten sind Widersetzlichkeiten gegen Gott, und der Arbeitslohn dafür ist gesetzlich verboten. Verwerflich ist auch der (wucherische) Verkauf von Getreide und Leichentüchern, weil ihre Vertreter den Tod der Menschen wünschen, bezw. das Teuerwerden der Preise nötig haben. Auch Metzger soll der Fromme nicht werden, weil das Herz davon grausam wird, auch nicht Schröpfer, Feger oder Gerber, weil sie mit unreinen Dingen in Berührung kommen. Nach manchen ist das Gewerbe des Maklers und der dafür gezahlte Lohn verwerflich, wohl deswegen, meint Gh., weil der Makler sich schwerlich von Lügen und übermäßigem Anpreisen seiner Ware freihalten kann; der Lohn ist desgleichen verwerflich, weil er sich nicht nach der geleisteten Arbeit, sondern nach dem Wert des verkauften Stückes richtet (Prozente !). Ferner ist der Ankauf von Sklaven für den Handel für verwerflich erklärt worden, weil der Käufer Gottes Fügung, den Tod der Menschen, verabscheut. Verwerflich ist das Wechselgeschäft, weil es sehr schwierig ist, dabei die Feinheiten der *Ribā*-Gesetze zu beobachten.

Das Zerbrechen vollwichtiger Dirhems und Denare, wenn nicht ein Zweifel an der Güte oder sonst eine Nötigung dazu zwingt, d. h. um sie zum Gießen (*ṣijāǧa*) zu verwenden, ist verboten (nach Aḥmed b. Ḥanbal stammt das Verbot vom Propheten, und nach ihm soll man auch die Denare in Dirhems umsetzen und erst dann Gold zum Verarbeiten kaufen — d. h. um dem *ribā aṣ-ṣarf* vorzubeugen —). Verdienstlich ist dagegen der Tuchhandel (s. die entsprechenden Hadithe oben S. 29) und von den Gewerben die Lederarbeit (*ḫarz*). Zehn Gewerbe sind es, die die Vorzüglichen unter den Alten (*al-aḫjār min as-salaf*) hauptsächlich betrieben haben: Lederarbeit, Handel, Lasttragen, Schneiderei und Schusterei, Walkerei, Pantoffelmacherei, Schmiedekunst, Spindelmacherei, Jagd und Fischfang und Bücherabschreiben.

Vier Gewerbe aber schwächen nach der Meinung der Alten den Verstand: die Gewerbe der Weber, der Baumwollbearbeiter, der Spinner und der Lehrer. Das kommt daher, daß sie zumeist mit Weibern und Kindern zu tun haben, und der Verkehr mit Menschen mit schwachem Verstande schwächt den Verstand, wie der Verkehr mit Verständigen ihn vermehrt. Nach der Tradition soll Maria die Weber verflucht haben, weil sie ihr einmal einen falschen Weg gewiesen haben. Die Alten erklärten für verwerflich auch das Leben vom Lohn für religiöse und gesetzlich vorgeschriebene Tätigkeiten, wie das Bewachen und Begraben der Toten, das Gebetsrufen, das *tarāwīḥ*-Gebet [1]), das Lehren des Korans und der Gesetzeswissenschaft, denn der Lohn dafür ist eigentlich erst im Jenseits zu suchen, und wer irdischen Lohn nimmt, ersetzt durch ihn den himmlischen Lohn.

3. Den frommen Kaufmann darf der Markt dieser Welt nicht von dem Markte jener Welt abhalten. Die Märkte jener Welt aber sind die Moscheen.

Den Anfang des Tages vor dem Betreten des Marktes soll er dem Jenseits widmen, wie schon ʿOmar den Kaufleuten empfohlen hat. Die Frommen der alten Zeit widmeten ihr auch das Ende des Tages und nur die Mitte dem Handel. Auch pflegte man damals den Verkauf von Kuchen (*harīsa*) und gebratenen Schafsköpfen bei Tagesanbruch den Knaben und Ḏimmīs zu überlassen, weil die Männer in den Moscheen waren. Der Anfang und Schluß des Tages als Zeiten religiöser Übung werden in mehreren hier angeführten Traditionen empfohlen. Auch soll er, wenn er den Gebetsruf am Mittag und Nachmittag hört, die Arbeit liegen lassen, soll auch das Freitagsgebet nicht versäumen.

4. Auch beim Betreten des Marktes und auf dem Markte soll man sich fleißig dem »Erwähnen Gottes« widmen, was in zahlreichen Traditionen und Überlieferungen als verdienstlich geschildert wird. Wie könnte auch, wer die Güter der Welt nur sucht als Hilfsmittel zur Erlangung jener Welt, den Gewinn des Jenseits fahren lassen! Ihm ist Markt, Moschee und Haus ganz gleich, man soll überall Gott fürchten; die Pflicht der Gottesfurcht hört für den Frommen nicht auf, in was für Lagen er auch kommen mag.

5. Der Kaufmann soll nicht zu gierig auf Markt und Handel versessen sein, nicht als erster hin- und nicht als letzter weggehen und nicht das Meer befahren; beides ist verwerflich. Nach dem Hadith soll man nur zur Pilgerfahrt, zur Besuchsfahrt und zum heiligen Krieg das Meer befahren. Auch soll man den Markt verlassen, wenn man sein Genüge erworben hat. Manche Frommen der alten Zeit gingen schon fort, nachdem sie einen Dānaq verdient hatten, manche begnügten sich sogar mit dem, was ihnen ein oder zwei Tage wöchentlicher Arbeit eingebracht hatten.

6. Der fromme Kaufmann soll nicht nur das schlechthin Verbotene vermeiden, sondern sich auch vor allem Zweifelhaften und Ver-

---

[1]) Juynboll, *Handbuch des islamischen Gesetzes* 123.

dächtigen fürchten. Dabei soll er nicht auf die Fetwās der Rechtsgelehrten sehen, sondern von seinem eigenen Herzen ein Fetwā fordern; und wenn er darin einen Skrupel findet, so soll er das fragliche vermeiden. Wenn ihm eine verdächtige Ware zugeführt wird, so soll er genau fragen, bis er weiß, wie es mit ihr steht, wie schon der Prophet getan haben soll. Freilich braucht er nicht bei allem, was ihm zugeführt wird, zu fragen, doch soll er darauf sehen, mit wem er seine Geschäfte macht, und soll mit einem, von dem bekannt ist, daß er betrügt oder veruntreut oder stiehlt, ebensowenig in Geschäftsverkehr treten wie mit Soldaten und Gewalttätern und ihren Genossen und Gehilfen, denn damit hilft er mit zur Verübung des Unrechts.

7. Endlich muß der fromme Kaufmann seine Worte und Taten in seinem Geschäftsverkehr genau überwachen, denn er wird am Tage der Auferstehung von jeder Tat und jedem Wort Rechenschaft ablegen müssen; und es wird gesagt, daß der Kaufmann am jüngsten Tage jedem einzelnen Mann, dem er etwas verkauft hat, gegenübergestellt, und über jeden einzelnen mit ihm abgerechnet wird.

So weit Ghazālī. Seine ethischen Anschauungen treten klar hervor. Das asketische Ideal der Weltflucht wird für den gewöhnlichen Menschen als Flucht vor dem Kampfe abgelehnt. Dennoch ist die Welt an sich und jeder Lebenszweck und jedes Ziel des Strebens, das in ihr liegt, böse, zum Verderben führend, denn das Ziel des menschlichen Lebens ist ein transzendentes, und diese Welt erhält ihre sittliche Berechtigung und Bedeutung nur als Vorstufe, als Vorbereitungsort, als Mittel für jenes transzendente Ziel; alle Tätigkeit, die nicht letztlich nach ihm orientiert ist, alles rein weltliche Streben ist gottlos. Freilich fordert er zur praktischen Lösung dieser Aufgabe ein solches Maß von Altruismus, wie es gewiß eben nur die idealen Gestalten der goldenen Zeit des Islam aufzubringen imstande sind. Und nicht anders wird es sein mit den Forderungen der *Šerī'a*, die auch einen unzertrennlichen Bestandteil von Gh.'s Sittenlehre bilden. Auch er kann sich von dem alles beherrschenden Ideal des Gesetzes nicht frei machen, daher treten auch bei ihm neben tief ethische Gedanken unvermeidlich äußerliche Gesichtspunkte. Ein Gewerbe, das sich mit gesetzlich unreinen Dingen befaßt, ist eben an sich »verwerflich«, ein frommer Mann als Ausfeger ist unmöglich. Da aber derartige Tätigkeiten doch nun einmal notwendig sind, gibt es auch einen Ausweg: Man überläßt sie womöglich den Ḏimmīs, die ja doch Brennholz für die Hölle sind, eine Auffassung, die für den aristokratischen Charakter dieser Religion bezeichnend ist.

Ghazālī's Ausführungen sind der klassische Ausdruck für die

Art, in der die behandelten Fragen dem gemein-islamischen Denken nicht nur seiner Zeit, sondern der Jahrhunderte nach ihm beantwortet werden. Bei den späteren Autoren, die die einzelnen Stände zur Ehrung von Moral und Gesetz ermahnen, wie z. B. Ibn al-Ḥāǧǧ, Ibn ar-Raf'a, darf man keine neuen ethischen Auffassungen erwarten. Was diese Autoren vor allem interessant macht, sind zum großen Teil die Schilderungen aus der von ihnen verdammten Praxis, durch die so manche wertvolle kulturgeschichtliche Einzelheit in ein helles Licht gerückt wird.

V. Übersetzung mit Auslassung der Warenkunde[1]).

Im Namen Gottes, des barmherzigen Erbarmers. Preis gebührt Gott, dem reichen und ruhmvollen, — dem starken und kräftigen, — dem gehört, was im Himmel und auf Erden ist, er ist der hochgelobte Beschützer. Und Gott schenke Segen und Heil unserem Herrn Muhammed, den Gott ausgezeichnet hat durch die Herabsendung (des Korans), und den er beglaubigt hat [2]) durch den heiligen Geist Gabriel, — den er beschrieben hat in den Schriften seines Ahnherrn Abraham — und sein Haus und alle seine Genossen bis auf den jüngsten Tag.

In diesem Buche haben wir in knapper Darstellung geschrieben über die Schönheiten des Handels und über die Kenntnis des Wertes der guten und der schlechten Waren und über die Fälschungen, die die Betrüger an ihnen vornehmen, und haben es in Abschnitte eingeteilt, deren erster handelt:

Über die eigentliche Bedeutung des »Besitztums«.

Wisse, mein Bruder, — Gott stehe dir bei —: Das Wort »Besitz« (*māl*) [3]) ist dem Wortsinne nach sowohl eine Bezeichnung für eine kleine

[1]) Eine gründliche Würdigung und Übersetzung der Warenkunde muß einer späteren Arbeit überlassen bleiben. Vorläufig sei auf die Übersetzungen von WIEDEMANN (oben S. 3) hingewiesen.

[2]) *ajjadahu*, nach A. FISCHER ZDMG. 62, 154.

[3]) Wie schon die Entstehung aus *mā-li* lehrt, heißt *māl* zunächst ganz allgemein das, was jemand besitzt, seine Habe, worunter durchaus konkrete Sachgüter zu verstehen sind: »Alle konkreten Objekte (*a'jān*), die man erwirbt und in seinen Besitz bringt« (*Nihāja fī ġarīb al-ḥadīṯ* des Ibn al-Aṯīr), auch im rechtlichen Sprachgebrauch wird der »Nutzen« ausdrücklich ausgeschlossen (SPRENGER, *Diction. of the techn. terms* p. 1351). Je nach der Situation kann das Wort dann eine verschiedene spezielle Bedeutung haben. Ibn al-Aṯīr s. v. gibt die Bedeutung »Geldbesitz« *mā jumlaku min aḏ-ḏahabi wal-fiḍḍa* geradezu als Grundbedeutung an. Bei den Beduinen bedeutet es »Kamele« (*li'annahā kānat akṯara amwālihim* s. v.), gegebenenfalls kann es auch »Ländereien« bedeuten (cf. Glossar Edrīsī s. v.). Zu der beduinischen Gegenüberstellung von *nāṭiq* und *ṣāmit* cf. *Lisān* 2, 36. Man sagt: *mā lahu nāṭiq walā ṣāmit.*

wie für eine große Menge erworbener Güter (*muqtanajāt*), der Unterschied zwischen beiden kommt nur in den beigesetzten Adjektiven zum Ausdruck. So spricht man von reichlichem und geringem Besitze. Der Plural des Wortes heißt »Besitztümer« (*amwāl*) und kann ebenfalls für viel und für wenig Besitz gebraucht werden, je nach den beigesetzten Adjektiven. So spricht man von »großen«, »bedeutenden« und von »geringen«, »unbedeutenden« Besitztümern. Diese Allgemeinbenennung nun zerfällt in vier Teile:

Erstens: Der »stumme« Besitz (*ṣāmit*). Das ist Gold und Silber und alles, was daraus geformt ist.

Zweitens: Die Ware (*ʿarḍ*) [1]. Sie begreift in sich die Gebrauchs- (*amtiʿa*) und die Verkaufsgegenstände (*baḍāʾiʿ*), Edelsteine, Eisen, Kupfer, Blei, Holz und alle daraus verfertigten Dinge.

Drittens: Der Grundbesitz (*ʿaqār*) mit zwei Unterarten, nämlich erstens dem überdachten Grundbesitz (*musaqqaf*); das sind die Häuser, Herbergen, Buden, Bäder, Mühlen, Pressen, Töpfe-
S. 3 reien, Backöfen, Gerbereien und Höfe, und zweitens: dem Wirtschaftsland (*muzdaraʿ*), das sind die Gärten, Weinpflanzungen, Weiden, Gehölze, Teiche mit den zugehörigen Quellen und Wasserrechten.

Viertens: Die lebenden Wesen (*ḥajawān*). Die Beduinen nennen sie den »redenden« Besitz, wie sie dementsprechend das Gold und Silber als »stummen« Besitz bezeichnen. Er zerfällt in drei Unterarten: a) die Sklaven (*raqīq*) (männliche und weibliche), b) das Arbeitsvieh (*kurāʿ*), d. h. Pferde, Esel und Arbeitskamele, c) das Weidevieh (*māšija*), d. h. Schafe, Rindvieh, Ziegen, Büffel und freiweidende, nicht zur Arbeit gebrauchte Kamele.

Das Lob des Reichtums an vielem Gut.

Der Reichtum ist ein Beweis von schönen Anlagen und edlen Eigenschaften. Denn wenn der Reichtum eines Mannes als ererbt vorauszusetzen ist, so zeugt er von altem Wohlstand und edler Abkunft, und wenn als erworben, so zeugt er von hohem Streben, reichem Verstand und vollendeter Einsicht. Denn wer schwach an Einsicht und Überlegung ist, der zerstreut den zusammengebrachten Besitz, und wenn man den Gründer des Vermögens im Auge hat, so hat er doch das Zerstreute gesammelt und den Besitz neu geschaffen.

---

[1] *ʿarḍ* bedeutet unbelebte Ware, bewegliche Stückgüter, die man nicht abmessen und abwägen kann, cf. LANE s. v. Im Gegensatz zu Geld steht es in Ausdrücken wie *baiʿu-l-ʿarḍi bil-ʿarḍ* = Tauschhandel ohne Geld (*huwa fil-aṣli mā ʿadā n-naqdain*, SPRENGER, *Dict. of the techn. terms* 981, cf. LANE).

Ist er aber zurückzuführen auf fürstliche Geschenke und die Geldquellen der Regierung, so zeugt er von Einfluß, Ansehen und Energie. Erscheint er aber als erworben durch Zufall und glückliches Zusammentreffen, so zeugt er von günstigem Glück und gutem Stern. Und wenn über den Reichtum nichts zu sagen wäre, als daß er zu den Eigenschaften Gottes gehörte, so wäre das genügende Ehre und Auszeichnung [1]).

Alle Besitztümer bringen ihrem Besitzer Nutzen, wenn sie gehörig verwaltet werden. Der Wert der verschiedenen Besitztümer ist verschieden und schwankt zugleich mit den Veränderungen der Zeitlage und mit ihrer verschiedenen Beschaffenheit — je nachdem sie hoch oder gering geschätzte Eigenschaften aufweisen und sich in lobens- oder tadelnswertem Zustande befinden. Hierüber werde ich weiter unten handeln.

Die Nachteile aber, die aus dem Besitze erwachsen können, die rühren her von denen, die einem das Eigentum entreißen, von gewalttätigen Regierungen, von Mißgünstigen und Neidern.

Warum das »stumme« Gut notwendig ist [2]). S. 4

Dem Menschen war vor allen Lebewesen eine große Zahl von Bedürfnissen eigentümlich, teils unumgänglich notwendigen (*ḍarūrīja*) [3]) und in der Natur liegenden (*ṭabī'īja*), so das Bedürfnis nach einer gebauten Wohnung, nach gewebter Kleidung und zubereiteter Speise, teils gelegentlichen (*'araḍīja*), konventionellen (*waḍ'īja*), wie das Bedürfnis nach Schutzmitteln zur Abwehr des Feindes und nach Waffen zum Kampfe; bei Krankheiten das Bedürfnis nach aus Drogen zusammengesetzten Heilmitteln und Getränken.

Jedes dieser Dinge erfordert aber, wenn es zustandekommen und fertiggestellt werden soll, eine Reihe von verschiedenen Fertigkeiten [4]). So ist es z. B. bei der Wartung der Pflanzen: Man muß säen und pflanzen, jäten und begießen und aufziehen, dann endlich schneiden oder einsammeln. Zur vollkommenen Nutzbarmachung ist dann eine weitere Fertigkeit nötig. So muß z. B. das Getreide nach dem Ernten noch

[1]) Dieser Satz ziemlich wörtlich in T̲a'ālibī's *Mubhiǧ* (Berlin Handschrift Peterm. II, 59 fol. 185 b).

[2]) Übersetzt von Wiedemann, AGNT 5, 60.

[3]) Vergl. 'Alī Seijidī Bey, *Resimli qāmūs-i 'osmānī* Stambul 1330 p. 632 sp. 1: *ḥawā'iǧ-i zerūrīje = kēf, alajyš ičün olmajyb maḥzen idāme-i ḥajāta ḫādim olan šejler: me'ekūlāt mešrūbāt, melbūsāt, maḥrūqāt, mesken iḥtijāǧlary ḥawā'iǧ-i zerūrījeden dir.*

[4]) *ṣanā'i'*. Dieser dem griechischen τέχναι nachgebildete Terminus muß bald mit »Fertigkeit«, bald mit »Gewerbe, Handwerk«, bald mit »Kunst« ja sogar mit »Wissenschaft« übersetzt werden.

gedroschen und geworfelt, gesiebt und gereinigt, gemahlen und geseiht, geknetet und gebacken werden, bis es endlich als Nahrungsmittel dienen kann.

Ebenso muß der Flachs nach dem Einweichen und der Rotte noch geschwungen und gebrochen, dann gehechelt und gesponnen und ausgekocht werden, dann muß man all die zum Weben gehörigen Tätigkeiten an ihm vornehmen, darauf muß er gebleicht und gewalkt und genäht werden, bis er zur Bekleidung tauglich wird.

Ob der Kürze des menschlichen Lebens aber konnte sich ein einzelner Mensch gar nicht all diesen Fertigkeiten widmen; denn selbst wenn es ihm möglich wäre, viele davon zu erlernen, so könnte er sie sich doch nicht alle so aneignen, daß er sie von der ersten bis zur letzten beherrschte.

Da nun aber ferner die verschiedenen Handwerke aufeinander angewiesen sind: — der Baumeister bedarf des Schreiners, der Schreiner des Schmiedes und die Eisenarbeiter wiederum der Kunst der Bergleute, alle diese bedürfen aber wieder sämtlich des Baumeisters — sahen sich die Menschen genötigt, Städte anzulegen und sich darinnen zusammenzugesellen, damit einer dem anderen behilflich sein könnte, da sie nun einmal aufeinander angewiesen waren.

Die übrigen Lebewesen aber bedürfen nicht einer des anderen bei der Einwirkung schädlicher Gewalten; denn sie sind schon von Haus aus mit natürlicher Bekleidung versehen, mit Haaren oder Wolle
S. 5 oder weichem Haar (*wabar*) oder Federn oder Schuppen oder Muschelschalen; und auch ihre Nahrung bietet sich ihnen dar in den Tieren oder Pflanzen; ähnlich verhält es sich mit ihren Wohnungen, und keines von ihnen bedarf des anderen.

Die Tiere aber, die unter der Hut des Menschen leben, bedürfen, weil sie in der Gefangenschaft leben (und sich nicht frei bewegen können), des Futters, der Bekleidung und sorgsamer Behandlung, sonst gehen sie zugrunde.

Aus den angeführten Gründen also waren die Menschen aufeinander angewiesen. Aber nicht immer fielen die Bedürfnisse des einen mit denen des anderen zeitlich zusammen, so daß z. B., wenn ein Schreiner einen Schmied brauchte, er keinen (bereit) fand. Auch war die Menge dessen, was man voneinander begehrte, nicht immer auf beiden Seiten gleich groß; auch wußte man nicht, welches der Wert der einzelnen Dinge von jeder Art war, und welches das quantitive Verhältnis einer Ware zu einem beliebigen Teile jeder anderen Sache war, und in welchem Wertverhältnis eine Leistung eines beliebigen Handwerks zu einer anderen eines anderen Handwerks stand. So machte sich das Bedürfnis fühlbar nach einer Sache, in der man für jedes Ding den Preis ansetzen und an dem man die Wertunterschiede der verschiedenen Dinge erkennen konnte, so daß, wenn nun jemand irgendeinen Verkaufs- oder Gebrauchsgegenstand nötig hatte, er dessen Wert in der Substanz, die als Zahlmittel für alle Dinge festgesetzt war, zahlen konnte. Wäre dies aber nicht geschehen, so könnte jemand zwar eine gewisse Gattung von Dingen besitzen, die sein Genosse nötig hätte, etwa Öl, Getreide oder dergleichen, während sein Genosse seinerseits andere Gattungen von Dingen besitzt, aber es könnte sich dann ereignen, daß das Bedürfnis nach der Ware des anderen bei A und B nicht zu gleicher Zeit vorhanden ist, dann kann der Tauschhandel nicht zustandekommen.

Aber auch in dem Falle, daß A gerade das braucht, was B hat, und umgekehrt, trifft es sich dann doch nicht so, daß auch der Wert dessen, was A von dem des B nötig hat, genau dem Werte dessen entspricht, was B von dem Besitz des A braucht.

Denn es kann z. B. der Mann, der Weizen besitzt, ein Raṭl Öl nötig haben, und der, der Öl besitzt, zwei Lasten Weizen, oder umgekehrt, der Besitzer des Weizens eine große Menge Öl und der des Öls nur eine kleine Menge Weizen, dann passen sie wieder nicht zusammen.

In der Erkenntnis dieser Schwierigkeiten nun sahen sich die Alten (*al-awā'il*) nach einer Sache um, in der man den Preis für jedes Ding ansetzen könnte, und verfielen dabei zunächst auf alles, was sich unter der Hand des Menschen befand: Pflanzen, Tiere oder lebende S. 6
Wesen. Die Pflanzen und lebenden Wesen verwarfen sie, weil diese durchweg unbeständig sind und leicht verderben. Aus den Mineralien wählten sie die schmelzbaren, festen Gesteine aus, verwarfen aber dann das Eisen, das Kupfer und das Blei. Das Eisen, weil es schnell rostet, das Kupfer aus demselben Grunde, das Blei, weil es schwarz färbt und schnell weich wird, auch zu leicht seine Gestalt verändert. Ebenso verwarfen einige das Kupfer, weil es sich mit Grünspan zu überziehen pflegt; die anderen prägten es aus, wie (man) den Dirhem (prägt), und machten daraus Kupfergeld für ihren Geschäftsverkehr. Alle Menschen aber waren darin einig, daß sie dem Gold und Silber vor allen anderen Metallen den Vorzug gaben, weil sie sich bequem in Formen gießen, hämmern, sich vereinigen, trennen und leicht in jede gewünschte Gestalt bringen lassen. Dazu kommt ihr schöner Glanz und daß sie frei sind von schlechtem Geruch und Geschmack, daß sie, in der Erde vergraben, unverändert bleiben, und daß sie fähig sind, die Zeichen (*'alāmāt*) anzunehmen, die sie schützen, und daß die Marken (*simāt*), die zur Bewahrung vor Betrug und Fälschung dienen, beständig bleiben.

Und sie prägten sie aus und machten sie zum Zahlmittel für alle Dinge. Sie sahen aber, daß das Gold den schönsten Glanz und die größte Dichtigkeit der Teile besitzt und am besten längeres Liegen in der Erde und wiederholtes Schmelzen aushält, ohne sich zu verändern.

Da setzten sie einen Teil Gold einer bestimmten Anzahl von Teilen des Silbers gleich und machten sie beide zu Zahlmitteln für alle Dinge und verständigten sich darüber, damit jedermann seinen Bedarf zu jeder gewünschten Zeit kaufen konnte. Wenn jetzt jemand diese beiden Substanzen besaß, dann hatte er gleichsam alle die verschiedenartigen Dinge, deren er bedurfte, zu jeder gewünschten Zeit zur Hand. Deswegen ist das »stumme Gut« zum Bedürfnis bei der Lebensführung geworden.

Ein Literat sagt: »Das »Auge« (Gold und Silber) gibt dem »Auge« Kühlung und dem Rücken Kraft, und wer das »Gelbe« hat, dessen Antlitz ist »weiß«, und »grün« sein Leben.«

Womit man die Edelmetalle (*al-māl aṣ-ṣāmit*) untersucht und erkennt, ob sie gut oder schlecht sind [1]).

Nachdem ich gezeigt habe, daß die Edelmetalle nötig sind, auch
S. 7 alle Menschen den Vorteil, den sie bringen, kennen und sie in ihren Besitz zu bringen und zu erwerben wünschen, muß ich angeben, wie man sie prüft, damit man erkennt, ob sie gut (echt, unverfälscht) sind, und davor sicher ist, daß die Betrüger, die sie fälschen, Erfolg haben [2]).

So glüht man das Gold im Feuer; enthält es einen Fremdkörper, etwa Kupfer oder Silber, so wird es schwarz oder grün, und sein Aussehen verändert sich. Manche geschickten Betrüger aber verstehen, bei der chemischen Behandlung des Goldes eine Fälschung anzuwenden, die ihm auch beim Glühen sein schönes Aussehen erhält.

Man benutzt ferner das Gewicht, indem man die Schwere (*ṯaqīl*) sorgfältig untersucht, sowie den Klang. Diese beiden Merkmale haben aber nur für den einen Nutzen, der in ihrer Anwendung geübt ist, wie die Wechsler, die erfahrenen Kenner (*mudrik*) und die Goldschmiede. Das Gold ist nämlich schwer und von großer Dichtigkeit der Teile, eine Eigenschaft, in der ihm die zur Fälschung gebrauchten Stoffe nicht gleichkommen. Ebenso ist es mit dem Klang, den es beim Anschlagen hören läßt; er ist sanft und mäßig (*muʿtadil*), ist das Gold aber mit

[1]) Dies Kapitel ist von Wiedemann, *Beiträge* XXXII, übersetzt.

[2]) Über Goldfälschungen siehe An-Nabrāwī, *Nihājat ar-rutba fī ṭalab al-ḥisba* bei Behrnauer, *Mémoires sur les institutions de police chez les Arabes* (S.-A. aus JA. 1860) S. 196.

Kupfer oder Silber gemischt, so zeigt sich im Klange eine Feinheit und Schärfe, die auf eine Härte hinweist, die sich auch beim Befühlen geltend macht. Bildet das Gold einen Überzug auf dem Silber, so verläßt es sein gewöhnliches Verhalten und zeigt keinen Ton, ebenso wenn es über Silber gespannt (*muwattar*) ist [1]. Die Bespannung werde ich nach diesem Abschnitte besprechen.

Weiter benutzt man die Prüfung auf dem Probierstein. Die Betrüger aber ersinnen zuweilen Dinge, durch die diese Art der Prüfung hinfällig wird. Sie benutzen dazu stark rot färbende Chemikalien; die legen sie auf das (gefälschte) Gold, glühen es und legen es in besonders zubereitete Flüssigkeiten; es erscheint dann auf dem Probierstein so, als ob es gutes Gold wäre, ist aber schlechtes [2]; und was es sonst noch für Mittel gibt, die einen starken Überzug bilden, so wie das Überkleiden [3] mit (Gold)blättchen. Der Probierstein versagt auch, wenn das Gold aufgespannt [4] ist; dies besteht darin, daß das Schmuckstück aus edlem Metall oder der noch rohe Barren aufgehängt (geheftet) wird (?) [5]. Das betreffende Mittel (*dawā'*) wirkt dabei nur auf die Oberfläche des Schmuckstückes, dieses ist dann gutes Gold; die Kraft des Mittels dringt aber nicht in das Innere, dies bleibt gerade so schlecht wie vorher. Indes ist der Klang beim Tönen mangelhaft; daraus kann man einen Hinweis auf seine Schlechtigkeit entnehmen.

Man untersucht auch (die Echtheit) mit der Schere; indessen trügt auch dies zuweilen, wenn der Denar mit kräftigen (Gold)blättchen überzogen ist; denn die scharfe Schneide der Schere nimmt den Überzug auf beiden Seiten mit herab, so daß er den Schnitt bedeckt und man den Eindruck hat, daß der Denar aus Gold sei. Das Zerbrechen ist zuverlässiger.

Das Prüfungszeichen aber, das jeden Verdacht ausschließt, und S. 8
jede Betrügerei und Fälschung unmöglich macht, der Beweis, auf den kein Kunstgriff Einfluß hat, das ist die Feuerprobe [6]. Man zer-

---

1) Der Überzug auf dem Silber ist wohl chemisch auf dem Silber angebracht, etwa mittels eines Goldamalgams. Das Spannen besteht wohl in einem Plattieren. (W.)

2) Ein derartiges Verfahren beschreibt al-Ǧaubarī (*Kitāb al-muḫtār fī kašf al-asrār* S. 92; vergl. WIEDEMANN *Beiträge* XXIII, 320.

3) *taḫjīš*, eigentlich mit Sacktuch überziehen, vergl. SPIRO, *Modern-ägyptisches Wörterbuch* s. v.

4) *wattara*, eigentlich die Sehnen auf den Bogen spannen.

5) *an ju'allaqa(?) l-'ilq uṣ-ṣāmit awi s-sabīkatu wahīja ġalīẓa.*

6) *ta'līq*, eigentlich »anzünden« cf. BELOT s. v. Dieselbe Bedeutung hat *ta'līq* offenbar Ibn Mammātī *Qawānīn ad-dawāwīn* 25,6 = WÜSTENFELD, *Calcaschandi's Geographie und Verwaltung von Ägypten* 165. Dort wird der Vorgang so beschrieben: »Dann wird das Gold zu Stäben umgeformt, dann werden unter der Aufsicht des Vertreters der Behörde

kleinert das Gold und schichtet die Goldteilchen mit Salz in Lagen abwechselnd übereinander in einem tönernen Gefäß und erhitzt dies 20 Stunden über dem Feuer. Was dann unverändert geblieben ist, und beim Fortnehmen vom Feuer schönen Glanz und Farbe zeigt und keine starke Verminderung erfahren hat, an dessen Echtheit ist nicht mehr zu zweifeln.

Für das Silber ist die beste Prüfungsmethode das Schmelzen vermittelst der Affinierung [1]), es ist der umgekehrte Wind [2]); für das, was diesem standhält, schwinden alle Zweifel.

Viele, die sich mit der Kunst der Chemie beschäftigen, reinigen das Kupfer und färben es in dem Maße weiß, daß man daraus alle Kostbarkeiten herstellen kann, es zu Fäden auszieht und in allen Handwerken verwendet, es auch mit Gold überzieht. Es läuft schwarz an, seine Farbe aber bleibt beim Glühen und am Prüfstein und nach dem Anfeilen [3]) bestehen. Wird sie aber der Affinierung ausgesetzt, so geht sie zugrunde.

Ein Kennzeichen, das weniger sicher ist, ist das Glühen im Feuer, denn wenn das Material schlecht ist, wird es dabei schwarz. Manchmal ist ein schön gearbeiteter Wertgegenstand aus Silber vergoldet und läuft schwarz an, wenn er dann geglüht wird, geht die kunstvolle Arbeit zugrunde, und das hat man nicht gern. Hierbei verfährt man so, daß man an einer Kante eine Kleinigkeit abfeilt, dies Feilicht auf einer Eisenplatte im Feuer glüht und dann seine Farbe betrachtet; das ersetzt das Glühen des ganzen Gegenstandes.

Ein noch weniger geeignetes Zeichen besteht darin, daß man den kostbaren Gegenstand anfeilt und dann die von der Feile bloßgelegte

---

genau nach dem Gewicht bestimmte Stücke von den Enden her abgeschnitten und zu einem Barren zusammengeschmolzen. Dann nimmt man von diesem ganzen Stück vier *Miṯqāl*, fügt von dem behördlich zugelassenen (*ǧā'iz*) im Münzhaus eingeschmolzenen Golde ebenfalls vier *Miṯqāl* hinzu, macht aus jedem Teile vier Platten, tut die acht Platten zusammen in einen irdenen Tiegel, nachdem man ihr Gewicht genau festgestellt hat, und unterhält darüber in dem Schmelzofen eine Nacht lang ein brennendes Feuer. Dann nimmt man die Platten heraus, putzt sie rein ab und vergleicht nun das Gewicht des Ergebnisses mit dem ursprünglichen Befund (*ju'baru l-far'u 'alà l-aṣl*). Wenn es dann als gleich befunden wird, und der Vertreter der hohen Obrigkeit die Erlaubnis erteilt hat, wird es zu Denaren geschlagen, wenn noch etwas fehlt, wird das Verfahren wiederholt, bis das Gold sich im Gewicht gleich bleibt, und es die »Feuerprobe« besteht (*jaṣaḥḥu bit-ta'līq*).« — Das Verfahren dürfte dem oben beschriebenen entsprechen, nur daß wir statt der Schichten zerkleinerten Goldes hier übereinandergelegte Platten haben.

[1]) *raubās* von *raubasa* = *raubaṣa*, vergl. Dozy und Bélot. Falsch übersetzt Behrnauer l. c. S. 197 »creuset«.

[2]) (*rīḥ ma'kūs*). Man sieht, daß auf das geschmolzene Metall von oben geblasen wird. (W)

[3]) Siehe weiter unten.

Stelle nach einer Stunde betrachtet, ob sie sich verändert hat, und daß man die abgefeilte Stelle mit dem Probierstein prüft und daneben ein Vergleichstück (*'ijār*) hält. Manchmal geben aber die Vergleichstücke falsche Resultate, falls der Träger (d. h. des Silbers, *ḥaml*, die Unterlage) gelb ist (d. h. Messing ist). Der Nachweis, daß die Unterlage aus Messing ist, läßt sich beim Glühen weit sicherer führen als mit dem Probierstein, denn beim Glühen gibt sie schwarze Farbe.

Über die Waren.

Die verschiedenen Waren erfordern dreierlei Schutz, Vorsicht S. 9
und Fürsorge:

Erstens muß man sich vorsehen beim Kaufen und Anschaffen der Ware. Das geschieht durch zweierlei: die Kenntnis des Durchschnittspreises der Ware und die der guten und schlechten Qualitäten und der Fälschungen, die die Betrüger an ihnen vornehmen.

Zweitens soll man sich von sachkundigen, zuverlässigen Leuten helfen lassen und auf ihren Rat hören, wie der Prophet gesagt hat: »Zu jeder Kunst nehmet die Hilfe eines frommen Fachmannes in Anspruch.«

Drittens muß man sie vor schneller Verderbnis und Veränderung schützen; dazu gehört, daß man weiß, welche Dinge, und zwar in welcher Quantität, für jede Art von Ware verderblich sind und was für Dinge das Verderben verhindern, und wie man diese Vorsichtsmaßregeln, je nachdem ob Sommer oder Winter ist, ob man sich auf der Reise oder zu Hause befindet, in größerem oder geringerem Maße anzuwenden hat.

Von ähnlich bestimmendem Einfluß auf den Grad der gebotenen Vorsicht ist (die Erfahrung), daß Staub und Nässe — sei es Wasser oder Tau — und sonstige benetzende Flüssigkeiten (*adhān*) von zerstörendem Einfluß auf die Waren sind. Ist man daheim, so kann man sich dagegen dadurch schützen, daß man die Waren in Körbe legt, die mit Pergament zugedeckt sind, und sie auf Gestelle oder frei von der Erde auf Bretter stellt und dicke Decken darüber wirft, ferner auf die Decke des Aufbewahrungsraumes achtet, wenn er dem Regen ausgesetzt ist oder da liegt, wo Wasser Verwendung findet, damit es nicht tropft. Das gleiche gilt für Seereisen oder bei Kälte im Winter [1]).

Sind die Gegenstände sehr wertvoll, so daß noch weitere Vorsichtsmaßregeln nötig sind, so decke man sie zu und schnüre sie ein, und über Deckung und Schnürung lege man gekrempelte Baumwolle und

[1]) Der Satz kann so konstruiert werden, aber vielleicht ist hier etwas ausgefallen.

darüber gut gekneteten Filz, umschnüre das Ganze noch einmal und decke gewachstes Zeug darüber, nähe es zu, bestreiche die Verbin-
S. 10 dungsstellen mit Wachs, umkleide das ganze mit Leder und binde darüber zu.

Will man aber ein übriges tun und alle Vorsichtsmaßregeln erschöpfen, so decke man jetzt noch Sackleinen darüber und streiche Pech darauf, wie es bei den Schiffen üblich ist. Dies wird oft von angesehenen Kaufleuten geübt.

Die dritte Art der Vorsorge endlich besteht in dem Schutz — so Gott es erlaubt — vor Veruntreuung, vor Dieben und Räubern, und er besteht in dreierlei. Gegen unehrliche Leute gebraucht man Siegel und Zeichen, zählt die Ware und benutzt Maß, Gewicht und Zahl als Merkmale. Sodann sucht man ihnen auf die Spur zu kommen dadurch, daß man den geheimen Indizien nachforscht, die auf sie hinführen können. Gegen Diebe schützt man sich durch die Aufbewahrung an sicheren Orten, zu denen auch ein findiger Mann den Weg nicht findet, durch feste Türen, gute Schlösser und hohe Wände. Gegen Räuber endlich sichert man sich bei Seereisen durch große und gedeckte Schiffe mit sicherer Ausrüstung, viel Waffen, Matrosen, Seeleuten und Besatzung (Passagiere, *rukkāb*); bei Reisen zu Lande durch zuverlässige, respektable Begleitung oder durch vertrauenswürdige Geleitsleute, die durchaus als angesehen, tüchtig, geachtet und treu bekannt sind.

Die Kenntnis des Durchschnittswertes von allen Waren.

Soll der Preis einer Ware und die Höhe ihres Durchschnittswertes angegeben werden, so kommt es darauf an, um welchen Ort es sich handelt. Denn die indischen Körbe z. B. haben im Maghrib einen anderen Durchschnittswert als in Jemen, und das mittlere, durchschnittliche Preisniveau für diese Körbe in dem einen Orte ist durchaus nicht auch das mittlere Preisniveau an einem anderen Orte. Die Perlen stehen im Maghrib anders im Werte als im Maschriq — weil dort die Entfernung von den Fundorten viel geringer ist.

Sodann zeichnen sich alle berühmten Orte durch eine besondere Spezialität aus, die in diesem speziellen Gepräge nirgends anders ihresgleichen hat (*lā junṭabaʿu fī ġairiha miṯluhā*); der Wert des betreffenden Produktes ist dann an seinem Ursprungsorte ein anderer als an den
S. 11 Orten, wo es als eine besondere Feinheit gilt (*justaẓraf*).

Der richtige Weg, den Durchschnittspreis zu ermitteln, ist, daß man sich an zuverlässige Sachkenner wendet und sich von ihnen den gangbaren Preis der betreffenden Ware in ihrer Heimat angeben läßt auf Grund der Höhe, in der er sich bis dahin zumeist gehalten hat und der gewöhnlichen und außergewöhnlichen Schwankungen nach oben und unten, die er erlitten hat. Man muß dann von einem auf das andere seine Schlüsse ziehen, immer mit Rücksicht darauf, ob sich die Ware in sicherem oder gefährdetem Zustande befindet, ob sie reichlich oder mangelhaft ist. So wird man durch eigene Geschicklichkeit einen Durchschnittswert für die betreffende Sache berechnen oder ihn von zuverlässigen Sachkennern erfahren können. Denn jede Ware und jeder Verkaufsgegenstand hat einen (bestimmten) Durchschnittspreis, der den Fachleuten bekannt ist.

Das Steigen des Wertes über die normale Höhe hinaus wird mit verschiedenen Namen bezeichnet, je nach der Größe der Steigerung: ist sie gering, so nennt man das eine »Preisbewegung« (*qad taḥarraka si'ruh*), ist sie etwas größer, so sagt man: »Sie ist hinaufgegangen« (*irtaqā*), bei noch weiterer Steigerung: »Sie ist hoch im Preise gestiegen« (*ġalā*) und endlich bei noch weiterer Erhöhung: »Sie hat das Äußerste erreicht« (*tanāhà*). Und wenn das bei Dingen vorkommt, die zum Leben unentbehrlich sind, wie die Nahrungsmittel, so nennt man das eine große verderbliche Teuerung.

Entsprechend diesen Namen für das Steigen sind die für das Sinken des Preises. Ist der Zurückgang gering, so sagt man: »Der Preis hat sich beruhigt« (*hada'a si'ruh*), ist er größer, so sagt man: »Sie ist flau geworden« (*qad kasada*); fällt der Preis weiter, so sagt man: »Sie ist geringwertig geworden« (*ittada'a*), bei noch weiterem Fallen: »Sie ist billig geworden« (*raḫuṣa*), dann: »Sie ist gefallen« (*saqaṭa*) und ähnliche Ausdrücke [1]).

Und die erfahrenen Kaufleute pflegen zu sagen: Kaufe das Teuere vom Billigen und nicht das Billige vom Teuren! Beispiel: Der meist übliche Verkaufpreis einer Ware ist 2 Denare, so daß 2 Denare den Durchschnittswert der Ware darstellen: dann steigt der Preis, entweder, weil der Einfuhrweg abgeschnitten ist, oder die Ankunft sich hinzögert, oder die Nachfrage sehr groß ist, oder daß die Ware in sehr geringer Menge vorhanden ist — das heißt also dem Wesen nach wegen irgendeines von Himmel oder Erde kommenden bösen Zufalles —, steigt bis auf 4 Denare und hält sich eine Zeitlang in dieser Höhe, reguliert sich aber dann und kommt auf 3 Denare, so nennt man dies S. 12
»das Billige vom Teueren«, und jeder Magazinhälter (*ḫazzān*), der sie kauft, wird von den Kaufleuten getadelt, weil die Ware wieder zu ihrem ursprünglichen Wert zurückkehrt, wenn auch die andere Preislage eine Zeitlang andauert.

---

[1]) Weitere Ausdrücke sind Ibn Sīda, *Muḫaṣṣaṣ* 12, 255 zusammengestellt.

Wenn aber der Preis auf einen Denar sinkt — wegen geringer Nachfrage, oder weil die Zufuhrswege sicher sind, oder weil die Ware besonders gut gediehen ist, kurz, infolge des Gegenteils all der vorhin aufgezählten Ursachen — und eine Zeitlang so niedrig bleibt, dann wieder bis auf anderthalb Denare steigt, so nennt man dies »das Teuere vom Billigen«, und wer dann kauft, wird von den Kaufleuten gelobt, denn das Glück einer Ware erklärt sich aus (weist hin auf) ihr(em) Zurückgehen zu ihrer ersten Preislage.

Es sagt der Dichter: »Die Vermehrung einer Sache läßt die Herzen das Erwünschte erlangen, und manches Wachstum im Handel hat Gewinn gebracht.«

Wisse aber, das Billigwerden der Ware bringt ihrem Besitzer mancherlei Sorge und Ängstigung, besonders wenn sie teuer ist oder leicht verdirbt.

Es sagt Gott — er ist erhaben — (*Qorān* 9, 24): »Und Handelsware, deren schlechten Abgang ihr fürchtet«; und es wird überliefert, daß der Prophet gesagt habe: »Weggenommen ist der Segen von einer teuren und einer schlechten Sache.« Bei einer teuren Sache hat der andere den Nutzen, der Segen ist ihr entzogen, und ihr Besitzer ist dem Verlust näher als dem Gewinn.

Über die guten und schlechten Qualitäten der Waren [1]).

Darüber, wie man den Waren die guten und schlechten Qualitäten, die Fälschungen, die die Betrüger an ihnen verüben, erkennt, gibt es, und zwar für jede Gattung von Waren, zahlreiche Werke. So haben Al-Kindī und andere unter den früheren Gelehrten über die Edelsteine eine Anzahl von Abhandlungen verfaßt, in denen sie über ihre
S. 13 Preise, ihre lobenswerten Eigenschaften, ihre Fundorte und über die Art ihrer Gewinnung gehandelt haben. Ebenso ist es mit den Parfüms, den verschiedenen Drogen und Spezereiwaren [2]). Die alten Ärzte und Philosophen und viele neuere Gelehrte haben zahlreiche Werke über diesen Gegenstand verfaßt, in denen sie deren besondere Eigenschaften, ihren Nutzen, ihre guten und schlechten Arten, die Orte, wo sie vorkommen, sowie ihre griechischen, persischen und arabischen Namen angegeben haben.

Nicht anders ist es mit den meisten Arten von Geweben und Geräten. Würde ich das, was bei einer jeden Art vorkommt, berichten, so würde das Werk sehr lang werden, und das Ziel nicht abzusehen sein. Denn schon von den Parfüms allein hat von den Neueren einer

---

[1]) Übersetzt von WIEDEMANN, *Beiträge* XXX, 231 f.

[2]) Text *asfāt*; l. *asqāṭ*, von *saqaṭ* eigentlich »Abfall«. (W.)

nahe an 3000[1]) Drogen gezählt, von denen er erfahren, gehört und gelesen hat. Eine jede aber verlangt zu ihrer Beschreibung und der Besprechung ihrer nützlichen und schädlichen Eigenschaften eine lange Auseinandersetzung.

Ich will aber hierbei, wie bei den anderen Waren, nur das besprechen, was viel verkauft, gekauft und womit viel gehandelt wird.

An erster Stelle sei die Rede von den Edelsteinen:

Nach dem Erwerb von Steinen und Edelsteinen streben die Könige und Sultane wegen ihres hohen Preises, weil sie leicht zu tragen sind, weil man damit prunken kann und das gewöhnliche Volk sie nicht besitzt usw. Ihr Besitzer betrachtet sie sich gern; sie in der Hand zu drehen erquickt sein Herz, tut seiner Seele wohl und vermehrt seine Freude.

— —

[Hier folgen nun die einzelnen Edelsteine und dann die übrige Warenkunde, S. 13—38 des gedruckten Textes. Über die Disposition vergl. oben S. 17 ff. Die schon von Wiedemann übersetzten Stücke sind oben S. 3 aufgezählt.]

Über die Mittel zur Erlangung von Besitztümern.

Die Mittel zur Erlangung von Besitztümern haben ihren Ursprung entweder in bewußtem Streben oder in zufälligem Zusammen- S. 39
treffen; zu der letzteren Gattung gehören z. B. die Erbschaften von den Vätern, der Familie oder Verwandten, die Beduinen nennen das »Erbgut« (*māl at-talīd*), der Fund von versteckten, herrenlos gewordenen Sachen, man nennt das einen »Schatz« (*rikāz*), sowie überhaupt jeder Nutzen, der einem durch Zufall zuteil wird.

Die Besitzerwerbung durch bewußtes Streben kann in zwei Weisen geschehen: entweder durch Gewalt (*mubālaġa*) oder durch irgendeine Art von geschicktem Vorgehen (Kunst = *iḥtijāl*). Man kann auch noch weiter gehen und eine dritte Art unterscheiden: die Besitzerwerbung durch Verbindung von Gewalt und Geschicklichkeit.

Über den Erwerb durch Gewalt.

Er ist entweder staatlich (*sulṭānīja*) oder verbrecherisch (*ḫāriǧīja*). Zu der ersteren Art gehören die verschiedenen Erhebungen: Zölle, Auflagen, (Gebühren *rusūm*), Grundsteuer, Zehnten, Armensteuer, Kriegsbeute (*faiʾ*) von den Heiden, Kopfsteuern von den tributpflichtigen Völkern (*ḏimma*) und was hierher gehört. Beim verbrecherischen Erwerb sind zwei Arten zu unterscheiden — der offene, d. h. Straßen-

[1]) Offenbar typische Zahl, vergl. Wiedemann, *Beiträge* XL, 175.

raub, Plünderung, Überfälle und dergleichen — und der heimliche, z. B. Diebstahl.

Über den Erwerb durch verschiedene Arten von geschicktem Vorgehen (durch Kunst *iḥtijāl*).

Die verschiedenen Arten des Erwerbes durch Geschicklichkeit zerfallen in drei Gruppen: 1. Handel, 2. Gewerbe (*ṣinā'a*), 3. die aus beiden zusammengesetzte.

Die Gewerbe zerfallen in wissenschaftliche und praktische. Zu den theoretischen gehören: Fiqh, Grammatik, Geometrie usw. Zu den praktischen gehören: Weberei, Landwirtschaft, Woll- und Flachskämmerei und dergleichen, bei deren Erlernung es für den Gewerbebeflissenen nur häufigen Zusehens und der Übung bedarf, bis ihm die
S. 40 Handgriffe geläufig werden, ähnlich wie die Tiere eine bestimmte Dressur, die man immer wieder mit ihnen wiederholt, schließlich begreifen und die Regeln behalten. Zu den halb wissenschaftlichen, halb praktischen Gewerben gehören die Arzneikunde, die Reitkunst, die Schreibkunst und dergleichen.

Die Handelsgüter sind, wie die übrigen Arten von Besitztümern, Mobilien und anderes.

Es gibt drei Klassen von Kaufleuten:

1. der reisende Kaufmann (*rakkāḍ*), 2. der aufspeichernde Kaufmann (Stapelkaufmann, *ḫazzān*), 3. der ausrüstende Kaufmann (der Exporteur, *muǧahhiz*).

Ihr Handelsverkehr vollzieht sich auf dreierlei Weise:

1. Pränumerationsverkauf mit bestimmtem Termin (*salaf mū'aǧǧal*), 2. Kreditkauf mit Ratenzahlung (*istislāf munaǧǧam*), 3. Kommenda (*muqāraḍa*). Der Pächter (*mutaḍammin*) aber wird nicht zu den Kaufleuten gerechnet, denn er ist nichts als ein Mietsarbeiter des Besitzers, und der Gewinn, auf den er rechnet, ist der Lohn für den von ihm geleisteten Dienst der Verwaltung und der Eintreibung des Pachtgeldes[1]). Der Unterschied zwischen ihm und dem Gerenten einer Kommenda (*muqāraḍ*) — d. i. ein Kaufmann, der mit fremdem Gelde arbeitet — ist folgender: Der Gerent ist nicht zum Schadenersatz verpflichtet bei etwaigem Verlust von Geschäftskapitel, solange er die verabredeten geographischen Grenzen nicht überschreitet[2]), (andere) Verpflichtungen[3]) (*ḍamānāt*) aber sind tadelnswerte und schlechte

---

[1]) Ist das *ḍamān* eine Steuersumme, so ist der *mutaḍammin* der Steuerpächter.

[2]) Vergl. die betreff. *Fiqh*kapitel z. B. Bāǧūrī, Šāfi'ī und Sachau, *Muhammed. Recht nach schafiitischer Lehre* Buch IV, Kap. 15.

[3]) Gedacht ist wohl an den Satz des *Fiqh*: *walā ḍamān 'alà 'l-'āmil illā bi-'udwān.*

Sachen, solange nicht eine Stellung von weitreichendem Einflusse zu Hilfe kommt.

Eine Verbindung von Gewerbe und Handel stellen dar z. B. der Stoffhandel und der Handel mit Spezereien, weil beide aus zwei Erwerbsarten zusammengesetzt sind. Zum Gewerbe gehören sie deswegen, weil der Tuchhändler die Masse der Waren, die guten und schlechten Qualitäten und die bei ihnen vorkommenden Betrügereien kennen muß. Ebenso muß der Spezereienhändler die verschiedenen Drogen, Heilmittel, Tränke und Wohlgerüche, deren gute und schlechte Sorten sowie die Verfälschungen kennen; er muß wissen, welche Dinge sich schnell verändern und verderben und welche nicht, und welche Mittel man zur Aufbewahrung und Wiederherstellung anzuwenden hat, und muß endlich auch das Mischen von Latwergen und Tränken, Pulvern und Gewürzen verstehen. Der Stoffhändler muß auch das Falten und Ausbreiten der Ware verstehen und welche Mittel man zur Aufbewahrung anwendet. Beide aber, Spezereienhändler und Stoffhändler, gehören zugleich zur Klasse der Kaufleute, weil sie kaufen S. 41
und verkaufen und daraus ihren Gewinn ziehen usw.

Über den Erwerb durch Verbindung von Gewalt und Geschicklichkeit.

Zu den aus Gewalt und Geschicklichkeit zusammengesetzten Erwerbsarten gehört z. B. der Handel, den die Regierung betreibt unter Anwendung von Zwang (*aṭ-ṭurūḥ* [1]), wobei ihr, wenn sie kauft, niemand den Kaufpreis erhöhen, noch beim Verkauf sie an willkürlicher Bestimmung des Preises hindern kann.

Es sagt ein Weiser: »Wenn der Regent teilnimmt an dem Handel der Untertanen, so sind sie verloren, und wenn sie teilnehmen an dem Waffentragen des Regenten, so ist er verloren.«

Zu derselben Klasse gehören auch die Handelsgeschäfte der Leute von Rang und Einfluß, die die Bürgschaft für die (Grundsteuer der) Güter der Untertanen übernehmen (*fī taḍmīnihā*) [2]) und das Getreide im voraus erwerben, so daß sie dem Volk die notwendigen Käufe und Verkäufe unmöglich machen.

---

[1]) Über dies sehr beliebte Verfahren vergl. die Stellen bei Dozy sub *ṭarḥ*; vergl. über die Sache auch Ibn Chaldūn Prolégomènes II, 84 f., übers. II, 96 f., ed. Kairo I, 235 f.

[2]) Es braucht sich nicht unbedingt um die Garantie der Grundsteuer für den Staat zu handeln; es kann ebensogut eine Art Patronat sein zum Schutz der Untertanen gegen Übergriffe der Beamten. Man vergl. byzantinische Verhältnisse oder die *ḍijāʿ al-umarā*. Die Wirkung ist natürlich die gleiche.

Über die Gewerbe[1]).

Es gibt verschiedene Gewerbe, die sich dem Grade nach unterscheiden. Es gibt solche, die ihre Vertreter erheben und ihnen Ehre bringen, die ihnen bei dem Wettstreit um Ruhm und Rang den Adel der Abstammung und den Stolz des Standes ersetzen, und andere, die den, der sich damit befaßt, auf das tiefste erniedrigen und ihn zur schimpflichsten Unehre verdammen, so daß ihm jede Aussicht auf geachtete Stellung und die Standesgleichheit[2]) für eine Heirat versagt bleibt, selbst wenn er als Glied einer alten Familie genannt wird oder von einem berühmten Vater abstammt.

Es sagt der Fürst der Gläubigen ʿAlī b. Abī Ṭālib: »Der Wert eines jeden Mannes beruht auf seinen guten Taten.« Ferner sagt er:
S. 42 »Die Menschen sind die Söhne ihrer guten Taten.«

Die Kenntnis der Künste und Wissenschaften ist schon an sich etwas Schönes, indes gibt es solche, die trefflicher sind als andere. Diese Rangunterschiede sind von zwei Momenten bedingt, nämlich von dem Objekt und von dem Endzweck des betreffenden Berufszweiges . So sagen wir, der Arzt ist trefflicher als der Schreiner. Das ergibt sich daraus, daß das Objekt, mit dem sich der Arzt befaßt, und das die Spuren seiner Kunst zeigt, der menschliche Körper ist, während dies bei dem Schreiner das Holz ist. Der menschliche Körper steht aber höher als das Holz. Was den Endzweck anbetrifft, so ist es das Ziel des Arztes, die vorhandene Gesundheit zu erhalten und die verlorene wiederzubringen, das Ziel des Tischlers ist es dagegen, das Holz in eine selbständige Form zu bringen, wie eine Tür oder eine Bettstelle. Die Erhaltung der Gesundheit eines kranken Körpers ist aber etwas Höheres als die Herstellung von Türen und Bettstellen. Auch kann der Schreiner zur selben Zeit schwerlich mehr als einem Menschen nützen; von dem Arzt zieht aber zu gleicher Zeit eine große Anzahl von Menschen Nutzen. In derlei Weise stufen sich auch die übrigen Gewerbe voneinander ab.

Sollte nun jemand einwenden, daß der Barbier und Masseur doch auch menschliche Körper zu Objekten hätten und daher an Rang dem Arzt gleichzustellen seien, so ist zu erwidern, daß diese beide gleichsam die Diener des Arztes sind. Auch der König befiehlt ja den Tod

---

[1]) Vergl. Wiedemann, *Beiträge* XXXII 52.

[2]) Über die *kifāʾa* siehe die entsprechenden Abschnitte im Eherecht, z. B. *Tanbīh* ed. Juynboll 192, 15 ff. Es entspricht ganz der oben geschilderten Schätzung der Gewerbe, wenn ein Weber oder ein Schröpfer im *Fiqh* für die Tochter eines Kaufmanns oder Grundbesitzers nicht als ebenbürtig gelten.

von Verbrechern und den Vollzug der Strafe, und diese Handlung wird ihm zugeschrieben, und zwar auch dann, wenn ein ganz Tiefstehender damit beauftragt ist. Und auch wenn einmal der König mit eigener Hand hinrichtete, so könnte man doch nicht von einer Gleichstellung des Königs mit dem Henker reden, weil sie dieselbe Handlung ausübten.

Die Herrschaft aber, durch die diese Welt in der Gewalt gehalten wird, ist geteilt zwischen dem Schwert und der Feder. Die Herrschaft des Schwertes gebührt den Königen, Emiren, Kämmerern, den Heerführern, den Vornehmen der Familien und Häuptern der Stämme. Die Herrschaft der Feder aber gebührt den Wesiren, Sekretären, Richtern, Predigern und ihresgleichen. Die das Schwert führen, sind die Beschützer, und die die Feder führen, die Verwalter. Außer diesen
beiden aber gibt es keine Kunst, deren Vertreter besonders in Macht S. 43
und Ansehen ständen.

Der Dichter sagt: »Suche nicht deinen Lebensunterhalt auf niedrigem Wege, dann wirst du zu dem dir bestimmten täglichen Brote kommen.«

[Ein anderer] sagt, in einer Elegie[1]: »O, ihr Bäume am Chabores, was ist euch, daß ihr Blätter treibt? Als ob ihr nicht auch trauertet über Ibn Ṭarīf, einen Mann, der nur durch Gottesfurcht sein Brot, und Reichtum nur durch Lanzen und Schwerter (zu erwerben) liebte.«

Die praktischen Künste sind die Handwerke, und es wird von alters her gesagt, das Gewerbe in der Hand[2] bewahrt sowohl vor Armut wie vor Reichtum. Denn der Verdienst des Handarbeiters reicht wohl zur Bestreitung der notwendigsten Lebensbedürfnisse aus, andererseits aber genügt er nicht, um ein Landgut zu kaufen oder zu einem Leben in Wohlstand zu gelangen. Trotzdem kommt der Handwerker bei einer Klassifizierung der Menschen in die unterste Klasse.

Zu den Künsten, welche die guten Gelehrten verabscheuen, gehören diejenigen, welche den Verstand und die Einsicht schädigen; ferner die Künste, die dem Gehirn und dem Körper Schaden zufügen, so die Beschäftigung mit faulenden Dingen, mit Fischen und Staub, wie das Zumessen, das Sieben, das Hecheln des Flachses, ferner mühselige Arbeit, wie das Tragen schwerer Lasten und ähnliches. Hierher gehören auch die verächtlichen Dienstleistungen, die Schaden bringen, wie wenn einer sich dazu hergibt, sich ohrfeigen, Spott, Schabernack

[1]) Aus dem Trauergedicht der Fāri‘a bint Ṭarīf über ihren Bruder, den von Jazīd b. Mazjad getöteten Ḫāriǧitenführer Al-Walīd b. Ṭarīf. Nöldeke, *Delectus veterum carminum arabicorum* 93, 2—3.

[2]) *fī'l-kaff*; nachher *bi-jadihi*.

und eitle Späße mit sich treiben zu lassen [1]), oder sich mit Kuppelei abgibt — und wir suchen unsere Zuflucht bei Gott vor allem Bösen.

Nützliche Ratschläge für die Kaufleute — mit Erlaubnis Gottes, des Erhabenen und Allmächtigen —.

Alles, was verkauft und gekauft wird, wird mit dem Hohlmaß gemessen oder abgewogen oder mit dem Längenmaß gemessen oder nach Zeit oder Zahl bestimmt. Darum muß der Kaufmann die Betrügereien kennen, die beim Messen, Wägen und Abzählen angewandt werden, muß die Ausrechnung der Zeitstunden und der mittleren Stunden verstehen, und wie man sie auseinander berechnet [2]), damit er darin nicht von
S. 44 unzuverlässigen Leuten abhängig wird. Und er darf keinem Makler ein Wort glauben und ihre Ratschläge nicht annehmen — denn das ist ein Gewerbe, das auf Lüge aufgebaut ist — selbst wenn früher zwischen beiden die beste Freundschaft und das festeste Schutzverhältnis bestanden hat. Denn der Zwischenhändler macht es so: einmal beschreibt er die Ware und ihre Vortrefflichkeit und bringt damit selbst Fachleute in Verwirrung, ein andermal redet er von ihrer Seltenheit und daß in dem ganzen Ort kein Stück zum Verkauf übrig geblieben sei, außer dem, was er in den Händen habe; und ein andermal versichert er, daß sie teuer werden und im Preise steigen werde, wieder ein andermal, daß sehr viele Interessenten da seien. Manchmal trifft er auch eine Verabredung mit gewissen Leuten, die dann, wenn der Kunde zugegen ist, kommen und die Ware verlangen und Angeld geben und sich (so) (scheinbar) die Ware beim Verkäufer sichern. Hast du nie gesehen, wie die Vertreter (der verkaufenden Firmen) Leute unter den Kreis der kauflustigen Menge (*ḫalq al-baiʿ*) stellen, die die Ware steigern und Volk und Kaufleute glauben machen, daß sie zu den Käufern gehören? Es ist das nur eine Falle für die Kauflustigen. Und sie schämen sich solchen Tuns nicht, auch wenn sie in dem Geruch der Rechtschaffenheit und Zuverlässigkeit stehen, weil in ihrem Gewerbe nun einmal der als Meister gilt, der mit dem größten Aufschlag verkauft. Ja, sie rühmen sich dessen und wünschen, daß es von ihnen bekannt werde, weil es nun einmal zum Erwerb des täglichen Brotes (*min abwāb al-maʿīša*) dazugehört.

---

[1]) Vergl. zu diesem Gewerbe HOROVITZ, *Spuren griechischer Mimen im Orient.*

[2]) Eine Zeitstunde (*sāʿa zamānīja*) entsteht, wenn man einen beliebigen (lichten) Tag oder eine beliebige Nacht in 12 gleiche Teile teilt, ihre Länge verändert sich demnach jeden Tag; die mittlere Stunde (*sāʿa muʿtadila*) entspricht unserer Stunde; sie entsteht, wenn man einen wirklichen mittleren Volltag (*šabānrūz*) in 24 gleiche Teile teilt. Vergl. *Dictionary of the technical terms* 1,675 f.

Und wisse, wer etwas glaubt ohne Beweis, der ist ein Nachbeter, und ein Nachbeter wird bei allen verständigen Leuten getadelt. Und wer unmögliche Dinge für bare Münze nimmt, der ist betrogen, und wer sich betrügen läßt, der ist kein weiser Mann. Die Beduinen sagen: »Wer sich belügen läßt, ist nicht fähig zu verständigem Urteil (*la ra'ja lilkadūb*).« Denn wer unmögliche Dinge als wahr annimmt, der baut seinen Plan auf das, was man ihm vorredet, und sein Urteil ist eitel, weil es auf Lüge aufgebaut ist.

Auch vieles, was die Kaufleute erzählen, muß man sich hüten zu glauben. Manche Kaufleute nämlich, die eine bestimmte Ware kaufen wollen und erfahren, daß sie an einem Orte, wohin sie zu reisen gedenken, guten Absatz findet, erzählen und verbreiten dann, daß jene Ware an dem betreffendne Orte flau geht, daß Preis und Nachfrage gesunken sind, und daß sie überflüssig geworden ist. Manche setzen auch gefälschte Briefe auf und schreiben mit verstellter Handschrift solche Dinge hinein und behaupten dann, daß sie diese etwa von einem Verwandten oder Freunde bekommen hätten, dadurch läßt sich dann der Kaufmann in die Falle locken.

Manchmal hat auch ein Kaufmann mit einem Genossen an dem betreffenden Orte zu demselben Zwecke eine Verabredung getroffen in der Weise, daß der Genosse mit ihm ausmacht: »Wenn ich dir schreibe ‚Hüte dich um Gottes willen, die und die Ware zu kaufen, sie S. 45
geht sehr schlecht ab, kaufe sie ja nicht', so kaufe sie; und wenn ich als Preis 1 Denar angebe, so nimm an, daß es 2 Denare sind, denn vielleicht fällt der Brief in fremde Hände, ehe er dich erreicht, vor solchen Zwischenfällen ist man nie sicher, und dann wird die gute Gelegenheit verpaßt.«

Andere Kaufleute aber, die eine Ware verkaufen wollen, die die anderen auch haben, und deren Preis etwa 10 Denare beträgt, erzählen dann unter den Kaufleuten, daß ihnen von einem sehr kauflustigen Kunden 11 Denare dafür gegeben worden seien, er habe sie aber nicht hergegeben, weil er auf eine Preissteigerung hoffe. Wenn die anderen das hören, werden sie sich nicht zum Verkauf der Ware herbeilassen, obgleich jenem in Wirklichkeit nur 10 Denare geboten worden sind. Der aber geht nun hin, macht den Kauf (s. Ware) perfekt und läßt sich den Preis auszahlen. Manchmal bitten sie auch die Käufer, einen höheren Preis anzugeben, für den sie von ihm gekauft hätten, als der Marktpreis, und wenn ihm nachher die so durch sein Wort betrogenen Leute Vorwürfe machen, sagt er: »Ich wollte gar nicht gern verkaufen, aber die Not trieb mich dazu«, und entschuldigt sich mit aus der Luft gegriffenen Entschuldigungen.

Wenn der Kaufmann in großen Stücken (*aṯqāl*) kauft, muß er zuverlässige Genossen und ausreichende Hilfskräfte haben, die ihm beim Kaufen, Verpacken, Verladen und beim Transport und Verkauf helfen. Denn wenn er alles allein besorgen muß, kommen sein Geist und Körper zu Schaden; auch sind die Kameltreiber, Träger und Schiffer wie alle anderen, deren Hilfe er zum Transport der Güter bedarf, stets lüstern, seine Habe zu stehlen. Am besten wird ein Kaufmann, der nur auf sich allein angewiesen ist, sich nur mit leichten Dingen befassen, die er selbst unter seiner Hut haben kann.

Die Grundlage alles Handels in bezug auf Verkauf und Ankauf liegt darin, daß man kauft von einem, dem nichts an der Sache liegt, oder den die Not zwingt, den Preis anzunehmen, und daß man verkauft an einen, der nach der Sache Begehren trägt oder der zu kaufen genötigt ist. Denn das ist der sicherste Weg, um mit der gekauften Ware gut zu fahren und reichen Gewinn zu erzielen.

Der Kaufmann muß ebensosehr Pessimist wie Optimist sein, denn der Pessimismus veranlaßt ihn, sein Kapital zurückzuhalten, der Optimismus aber, es aufs Spiel zu setzen, so daß für ihn mehr zu fürchten
S. 46 als zu hoffen ist.

Und er wisse auch, daß zu große Gier beim Suchen nach Vorteil leicht Enttäuschung mit sich bringt, und daß übermäßiges Jagen nach Gewinn der Weg zum Verlust ist. Die Erklärung dafür liegt darin, daß zwischen dem Kauf dessen, der ungestüm begehrt, und dem Kauf eines anderen, dessen Begierde gering ist, der seine Seele heilt von der Tollwut der Gier und sie frei macht von der Sklaverei der Leidenschaft, eine weite Kluft und ein großer Unterschied besteht. Nicht anders ist es im Handel. Wer zu heftig begehrt, der wird blind, die rechten Wege zu sehen, und verliert die rechte Einsicht, neigt sich der Leidenschaft zu und irrt ab von dem rechten Urteil des Verstandes. Die besten Dinge sind immer die, die in der Gegenwart erfreulich sind und in der Zukunft ein schönes Ende nehmen.

Und wenn der Kaufmann sieht, daß ihm ein bestimmter Handelszweig Segen bringt, so soll er sich dem widmen, ausgenommen solchen Unternehmungen, die eine sichtliche Gefahr mit sich bringen, und bei denen er vor Täuschung nicht sicher ist, denn manchmal ist dem Menschen reiches Glück gerade in diesem bestimmten Zweige vom Schicksal bestimmt. Es heißt in der Überlieferung vom Propheten, daß einst ein Mann zu ihm kam und zu ihm sagte, daß sein Lebensunterhalt der Handel sei, aber er habe kein Glück dabei; er kaufe keine Sache, die nicht flau würde oder bei ihm verdürbe. Da sagte er zu ihm: Hast du nie bei einer Sache, die du gekauft hast und bei der du etwas gewagt hast, Gewinn gehabt, woran du dich erfreuen konntest? Er antwortete: Ich erinnere mich nicht, daß das je vorgekommen wäre außer beim *Qarḍ*geschäft [1]). Darauf der Prophet: So wirf dich auf das *Qarḍ*geschäft. Da tat er das und erwarb Reichtum und ward begütert und lebte in schönen Verhältnissen. Als das der Prophet erfuhr, sagte er: »Wem immer in einer Sache Segen zuteil wird, der widme sich ihr.«

Der Kaufmann muß ferner beim Verkaufen Nachlaß gewähren, denn das gehört zu den Mitteln des Nahrungserwerbes, mit denen man sein täglich Brot verdient. Es besteht darin, daß der Kaufmann sich ein für allemal klar macht, daß bei einem Gewinn von einem Denar die Hälfte auf den Nachlaß kommt, entweder beim Wägen oder Zahlen oder als Geschenk für den Vermittler oder als Rabatt, wenn der Käufer danach fragt. Wenn dann der Kaufmann gierig ist und denkt, ich habe mich übereilt beim Kauf, daß ich mich mit einem Denar Gewinn begnügt habe, und wenn ich mich angestrengt hätte, hätte er mir einen Gewinn von $1^1/_4$ Denar gebracht, denn er war sehr begierig zu kaufen; darum ist es jetzt das Richtigste, wenn ich beim Abwägen recht volles Maß nehme und durch Überwiegenlassen S. 47
das Versäumte noch herauszubringen suche und die meiner Entscheidung nach beste Münze annehme, auch keinem Makler und Vermittler etwas gebe — wenn er sich das gesagt hat und danach handelt, so tritt Uneinigkeit ein, weil etwas Trennendes sich zwischen die Gedanken der beiden schiebt; der Käufer wendet sich fort, und ihm entgeht das Ganze. Nun möchte er gern wieder, daß er zu ihm zurückkehrte, und er hat den Sperling in der Hand für die Taube auf dem Dache gegeben [2]). Vom Propheten wird der Ausspruch überliefert: Der Nachlaß ist Gewinn (*as-simāḥ ribāḥ*) und: Gott erbarme sich eines Mannes, der Nachlaß gewährt beim Bezahlen und Fordern, beim Kaufen und Verkaufen [3]). Und im Sprichwort des Volkes heißt es: Die Butter verkauft den Kuchen [4]).

Die Schönheiten des Handels.

Der Handel, gesondert von allen anderen Erwerbsarten betrachtet, zeigt sich als das Vorzüglichste und Glückbringendste für den Menschen

---

[1]) *Tanbīh* ed. Juynboll 109; vergl. auch Glossar sub voce. Es ist eine Art Ausleih- und Austauschgeschäft, wohl zu unterscheiden vom Kommanditgeschäft *qirāḍ*.

[2]) Genau dem Text nach: Er ist von einer vorhandenen Sache auf eine erhoffte gekommen, und *kān* ist nicht wie *jakūn*; nur daß sie beide das Subjekt im Nominativ und das Prädikat im Akkusativ haben, nach dem, was die Grammatiker festgesetzt haben.

[3]) Siehe oben S. 30.

[4]) *ad-dahnu* (Öl) *jubī'u l-harīsa*.

in dieser Welt. Dem Kaufmann wird Wohlstand beschert, er besitzt ritterliche Trefflichkeit, und es gehört zu seiner besonderen Tüchtigkeit, daß er viele Tausende besitzen kann, ohne daß ihm ein einfaches Gewand schadet. Denn wer mit dem Fürsten Umgang hat, kann vielleicht die Ausgaben gar nicht erschwingen und muß doch stets im blanken Kleid und Turban erscheinen, schöne Reittiere mit sauberem Geschirr, Sattel und Zügel und Sklaven halten. Und wenn er zum Militär gehört, so ist seine Nahrung grober und sein Leben kärglicher, und er gilt den Leuten als Tyrann, auch dann, wenn er sie gerecht behandelt, und ist bei ihnen verhaßt, auch wenn er sich freundlich zu ihnen stellt; seine Nachbarschaft wird verabscheut, auch wenn er sich als guter Nachbar zeigt.

Der Prophet hat zuerst gesagt: »Wie schön ist doch ein redlicher Kaufmann!« Freilich beruht der Handel trotz der erwähnten Vorzüge auf Rücksichtslosigkeit und Übervorteilung, darauf, daß man auch auf das Geringe sieht und hinter dem letzten Körnchen her ist. Ein Kaufmann, der anders handelt, gilt bei seinen Genossen (*'indahum*) als tadelnswert [1]).

S. 48 Über die erste Art des Kaufmanns, den Aufspeicherer, (Stapelkaufmann, *ḫazzān*).

Wisse mein Bruder — Gott geleite dich zu dem, was ihm lieb und wohlgefällig ist — die Regel des Verfahrens des Stapelkaufmanns besteht darin, daß er die Ware kauft zur Zeit ihrer Saison und wenn die Zufuhr ununterbrochen, das Angebot groß und die Nachfrage gering ist, dann muß er sie gut aufbewahren und mit ihr den Zeitpunkt abpassen, in dem ein Umschlag all dieser Verhältnisse eintritt, d. h. daß die Verbindung mit ihr(en Ausfuhrorten) abgeschnitten, der Import gehindert, ihre (Hauptertrags)zeit (Saison) fern und die Nachfrage groß ist. Diese Art von Kaufleuten bedarf am meisten einer frühzeitigen Kenntnis der Verhältnisse der Ware in ihren Ursprungs- und Heimatsorten; ob sie dort in großer oder geringer Menge vorhanden, billig oder teuer, ob sie üppig gediehen ist und sich in gutem Zustande befindet, oder ob sie kärglich ausgefallen und schadhaft ist, ob die Einfuhrwege abgeschnitten oder sicher sind. Die Kenntnis von alledem muß er sich durch Erkundigungen und genaues Nachfragen bei den Karawanen zu verschaffen suchen, denn nie ist infolge reichlichen Vorhandenseins eine Ware gut abgegangen, sondern nur, wenn wenig davon da ist, findet sie guten Absatz, entsprechend der jeweiligen Nachfrage.

[1]) Das Kapitel erinnert sehr an das Schema der Schriften *fī madḥ kulli šai'in wadammihi.*

Man erzählt, ʿAbdallāh al-Maʾmūn, der Sohn Hārūn ar-Rašīd's aus dem Geschlechte des ʿAbbās, des Oheims des Propheten — Gott segne ihn und schenke ihm Heil — habe eines Tages zu dem Sekretär Aḥmad b. Jūsuf gesagt: »Ich sehe, daß infolge des außerordentlichen Reichtums der Felder in diesem Jahre die Preise aufs äußerste sinken werden, darum setze einen Brief von uns an die Statthalter auf, daß sie das Getreide ihrer Provinz so schnell wie möglich verkaufen sollen.« A. b. J. schrieb einen langen Brief in diesem Sinne, als aber ʿAbdallāh al-Maʾmūn sah, was darin stand, gefiel er ihm nicht. Er drehte das Blatt um und schrieb eigenhändig auf die Rückseite: »Siehe, die Erscheinungen haben Anfänge, aus denen man auf ihr Ende schließen kann, und Anzeichen, die erkennen lassen, wohin ein Zustand, wenn er aufgehoben wird, zurückkehren wird, und oft ist ein solcher Hinweis trügerisch und ein Anzeichen irreführend. Aber gründliche Untersuchung erspart (spätere) Entschuldigung [1]. Der Fürst der Gläubigen erwartet infolge der guten Ernteaussichten für dieses Jahr einen Rückgang der Preise. Darum verkaufe schleunigst die Getreidevorräte deines Bezirkes, indem du auf jedem Markte dein Glück versuchst und jeden Marktpreis ausnützest, und berichte über die Verkäufe und ihren Zeitpunkt mit spezieller Angabe der Qualität, der Marktpreise, der Gegenden, der Namen der Kaufleute, die damit handeln, und darüber, was bar bezahlt ist und was auf Ratenzahlung, und wisse, daß S. 49
der Fürst der Gläubigen wohl beachten wird, was von dir in dieser Sache einläuft und darauf wartet — so Gott will.«

Wenn nun der aufspeichernde (Stapel)kaufmann schlüssig geworden ist und sich vorgenommen hat, eine Ware z. B. für 200 Denare bar zu kaufen, so darf er sie nicht auf einmal kaufen, sondern er muß den Kauf auf vier verschiedene Zeiten verteilen in einem Abstand von je 15 Tagen, so daß der ganze Kauf innerhalb von zwei Monaten abgeschlossen ist; denn die gekaufte Ware hört nicht auf im Preise entweder zu steigen oder zu fallen, oder gleich zu bleiben. Wenn nun nach dem Ankauf der einen Portion der Preis steigt, so weiß er, daß sich ihm Nutzen darbietet und Gewinn ermöglicht, und er soll sich darüber freuen, wenn anders er ein genügsamer Mann ist und den Erwerb durch vorsichtige Erwägung höher schätzt als eine gefahrvolle Beute. Wird aber die Ware billiger, so kann er sich in zweifacher Beziehung freuen, einmal, weil er bewahrt geblieben ist vor dem Preisausfall, der ihn beim Ankauf des Ganzen getroffen hätte, und zweitens, weil er jetzt die Möglichkeit hat, gute Ware billig zu kaufen. Bleibt aber der Preis unverändert auf derselben Höhe so wird sein Blick geschärft, im rechten

[1]) Das Folgende ist übersetzt in C. H. BECKER's: *Papyri Schott-Reinhardt* I, 52 Anm. 6.

Moment bei der zu kaufenden und aufzuspeichernden Ware zuzugreifen. Denn wenn er in aller Hast alles auf einmal kauft, so fällt ihm gewiß hinterher irgend etwas ein, was er nicht beachtet hat und nun nachzuholen sucht. Daher kommen dann die Streitigkeiten und Prozesse, die in diesem Beruf so häufig sind.

Auch gibt es gewisse Dinge für den Kaufmann, die, wenn er sie und ihren Einfluß außer acht läßt, sein ganzes Leben zu einer Kette von Sorgen, Kummer und Betrübnis machen. Keine reine Freude wird er dann im Leben genießen können, und kein Essen wird ihm wohl bekommen. Denn die Schicksalsfügungen bringen oft manches, dessen man sich nicht versieht und pflegen zumeist dem Wunsch entgegengesetzt zu sein. Wenn dann der Mensch seinem Gelüste folgt, auf seine Begierde versessen ist, seinen Wünschen nachhängt und zu sich sagt: »Die und die Ware will ich kaufen, die dem und dem fehlt, denn sie wird später eingeführt sein und ein gesuchter Artikel werden, denn ich habe mir sagen lassen, daß der und der Stamm mit den Beni So und So auf dem Wege zum Exportplatz gerade in Streit liegt, und daß die Karawanen aus dem und dem Ort alljährlich zu kommen pflegen, um sie zu holen. Der Preis wird also steigen, gerade wie im vorigen Jahre. Und wenn ich sie nicht schleunigst kaufe, so kommt mir ein anderer
S. 50 zuvor und schnappt sie mir weg. Auch habe ich gehört, daß in den Magazinen nur noch wenig davon vorrätig ist, und daß die Importeure auch nichts Nennenswertes mehr in Händen haben.« So kauft er denn davon soviel, als er kann und setzt sich hin und wartet auf die Erfüllung seiner Hoffnungen. Wenn aber dann der Importweg sicher ist, und die Ware ohne Unterbrechung eingeführt wird, dann ist er in Sorge uud Trauer, und wenn sie dann flau wird, und ihr Preis sinkt, so erfaßt ihn Reue und Leid; und wenn die Leute, die gewöhnlich zu kommen pflegen, um sie zu holen, ausbleiben, so wird er niedergeschlagen; und wenn ihm klar wird, daß in den Magazinen doch noch viel vorhanden ist, wird er betrübt.

Gegen dieses Übel hilft nur, daß er sich immer wieder vorhält und seinem Sinn fest einprägt, daß er seine Ware mit Berechnung kaufen und sich klarmachen soll, daß er damit auf keinen Menschen in der Welt warten und von keinem annehmen darf, daß er kommen oder ausbleiben werde. — Wenn aber die Importeure bei einer Ware einen Gewinn machen, nun, so setzen sie ihr Leben auch großen Gefahren aus und lassen sich die Schrecknisse der Wege nicht verdrießen und erwerben ihr Brot gar oft sauer genug.

Geht die Ware gut ab und steht sie hoch im Preise, so ist das gute Zeit (Hausse), — ist der Markt flau und der Preis niedrig, so ist das schlechte Zeit (Baisse) für die Ware. Es kommt nun darauf an, daß man die Ware nimmt, wenn sie schlecht geht und billig ist und dann mit ihr auf der Lauer liegt, bis die schlechte Zeit vorübergeht und die Hausse wiederkommt. Nimmt er aber die Ware, wenn sie gut geht und teuer ist und wartet dann, bis dieser Zustand aufhört, so steht er seinen eigenen Wünschen im Wege, ohne es zu wissen. Denn über kurz oder lang kann die Ware wieder leicht zu beschaffen sein, dann mag er sich nur auf ein langes Auf der Lauer liegen einrichten, damit ihn nicht vor lauter Warten Kummer, Krankheit und Aufregung befällt.

Endlich muß der Stapelkaufmann noch darauf achten, wie es mit der Regierung (resp. dem Sultan) steht, in deren Obhut er sich befindet, ob ihre Macht stark oder gering, ob sie gerecht oder gewalttätig, ob sie reich oder arm ist. Ist sie gerecht, hat sie nur schwache Feinde, reichliche Einkünfte und viel Besitz, so ist das die denkbar günstigste Situation. Ist sie gerecht, aber zu schwach, um die Feinde zu bezwingen, so vermeide er den Ankauf von größeren Frachten, sondern gebe sich nur mit kleineren Waren ab, die sich leicht geheimhalten und verstecken lassen. Oder er lasse das Kaufen in den betreffenden Jahren überhaupt und spare das Geld auf. Ist ihm aber das nicht möglich, weil er fürchten muß, daß die Ausgaben ihn ruinieren könnten, so unternehme er nur Ankäufe von solchen Dingen, die sich leicht S. 51
nach sichereren und geeigneteren Gegenden transportieren lassen, damit das eine Zurüstung für die Rettung sei, und reise damit fort, sodaß sie ihm als Vorwand dienen, mit dem er sich decken und den Verdacht der Flucht von sich ablenken kann: oder er lasse die Sache durch andere hinschaffen. Ist die Regierung tyrannisch, aber stark, so verheimliche er, daß er Handel treibt, stelle sich arm und kaufe nichts, was offenbar für sein Geschäft passend oder nötig ist, auch wenn ein sichtlicher Gewinn damit verbunden wäre.

Finden sich aber bei der Regierung Ungerechtigkeit, Armut und Schwäche zusammen, so soll der Mensch sich aufs schnellste aus einem solchen Reiche hinwegbegeben, das ist das Lobenswerteste und Vernünftigste für den Augenblick und für später, was er tun kann.

Wie sich zweitens der reisende Kaufmann (*rakkāḍ*) zu verhalten hat.

Der reisende Kaufmann muß vor allem darauf achten, was für Ware er kauft, und muß hierbei große Vorsicht anwenden. Auch darf er sich nicht in dem Glauben wiegen, daß seine Hoffnungen sich bei der Ankunft an dem gewünschten Orte auch erfüllen müßten, denn gar leicht kann sich die Reise verzögern oder durch irgendein Hindernis unmöglich werden, etwa daß der Weg gefährdet ist, oder daß bei Seereisen die Windverhältnisse ungünstig sind, oder daß in dem Orte, nach dem er reisen will, sich irgendein unvorhergesehener Zufall ereignet — solche Dinge können einem leicht begegnen — dann muß er die Ware wohl oder übel da verkaufen, wo er sie gekauft hat, und wenn er sich nicht vorher darauf eingerichtet hat, wird er einen großen Verlust am Preise dabei haben. Darum pflegen die Kaufleute und Reisenden zu sagen:

»Eine Erfahrung ist ein halbes Geschenk.«

Ferner ist es bemerkenswert, daß er eine Preisliste aller Waren des Ortes, in den er zurückkehren will, soweit sie aus der betreffenden Gegend bezogen werden, mit sich führt; wenn er dann eine Sache kaufen will, so stellt er nach diesem Verzeichnis den Preisunterschied der Ware in den beiden Ländern fest, zieht in Rechnung, was er an Proviant bis zur Rückkunft brauchen wird, zieht zu der Preisliste eine Liste der ja in jedem Lande verschiedenen Zölle hinzu und rechnet den Nutzen heraus. Das ist das für alle Fälle gültige Verfahren.

Ist er aber gezwungen, zu kaufen oder früh abzureisen, und sieht
S. 52 er eine Sache, die seinen Zwecken entspricht, für ihn passend ist, und deren Bezahlung ihm möglich ist, so nehme er davon, soviel er braucht; denn er ist nicht sicher, daß er nicht durch die Reise in eine Zwangslage gebracht wird, und daß einer kommt und ihn (durch Steigern) zum Überbieten treibt, zumal wenn er weiß, daß an dem betreffenden Platze viele Reisende mit demselben Reiseziel sind, die an der betreffenden Ware interessiert sind, aber den Preis nicht zahlen können, entweder weil sie für ihre Waren eine Preissteigerung abwarten wollen, oder weil sie von den Käufern und Vertretern noch kein flüssiges Geld dafür bekommen haben.

Auch muß der Kaufmann, der nach einem ihm unbekannten Orte kommt, sich im voraus nach einem zuverlässigen Vertreter, einem sicheren (Ablade)platz und was sonst nötig ist, genau umgesehen haben, damit er nicht auf einen säumigen Zahler hereinfällt oder auf einen Spitzbuben [1]), der vor dem Bankrott steht, so daß er sich ruiniert, ohne es zu wissen.

Wie sich drittens der ausrüstende (exportierende) Kaufmann (*muǧahhiz*) zu verhalten hat.

Wisse, mein Bruder — Gott geleite dich —: Das Verfahren dieses

[1]) *mudaulib* vergl. Dozy I, 477 (M): *daulaba fulānan — dawwarahu ilà murādihi*, »an der Nase herumführen«.

Kaufmanns besteht darin, daß er an dem Orte, nach dem er exportiert, jemanden anstellt, der die ihm zugeschickte Ware an sich nimmt. Dieser ist dann damit betraut, Waren zu verkaufen und andere dafür einzukaufen, und muß ein vertrauenswürdiger, zuverlässiger und wohlhabender Mann sein, der sich ganz dem Handel gewidmet hat und auch wohl darin erfahren ist. Ihm werden die Güter zugesandt, und der ganze Verkauf liegt in seinen Händen, er bekommt einen Anteil am Gewinn von allem, was er kauft oder verkauft. Wenn eine Ware flau wird, so kann er sie, wenn er es für richtig hält, aufspeichern. Die Ware, die man ihm zuschickt, muß demgemäß mit Sorgfalt gekauft und schon vor der Zeit der Messe in möglichst guter Qualität und in bestem Zustand beschafft worden sein. Sodann soll man sich bemühen, die Waren mit der Möglichkeit, die Frist zu verlängern, mit bequemen Zahlungsbedingungen und mit Optionsrecht zu kaufen. Ist dies bei einer Ware nicht möglich, so suche man es bei einer anderen zu erreichen, denn der Gewinn beruht mit Gottes Hilfe auf dem zweckmäßigen Ankauf. Endlich soll man eine Ware nur mit zuverlässigen Begleitern schicken, die sie bis zur Annahme durch den beauftragten Vertreter unter ihrer Obhut halten.

Wie man sich zu hüten hat vor Leuten, die auf die Begehrlichkeit des Kaufmanns spekulieren[1]). S. 53

Die Leute, die auf die Begehrlichkeit der anderen spekulieren, stellen sich bei den wohlhabenden Leuten ein mit guten Nachrichten, Aufmerksamkeiten, Glückwünschen und Ehrenbezeugungen, bis diese sich schon an ihre Erscheinung gewöhnt haben und sie von Ansehen kennen. Dann tun sie ihnen wohl einmal einen Gefallen, so daß sie sich etwas näher kennen lernen und eine Art Freundschaft zwischen ihnen entsteht. Dann erwähnt so einer einmal im Laufe des Gespräches, daß sich eben einige vortreffliche, vielversprechende und schnell gewinnbringende Gelegenheiten gerade in dem Handelszweige, den jener Kapitalist betreibt, darböten, ob er nun von Stoff-, Woll-, Spezerei- oder sonst einem Handel lebt, und sagt, daß er Kaufmann in dem betreffenden Handelszweig sei, und meint: »Ich denke manchmal, was du all für Haushaltungsauslagen, Kosten und Ausgaben hast, und was für reichliche Spenden du in deiner Großmütigkeit auf dich nimmst, und daß doch nichts anderes als Schaden dabei herauskommt, — solange du deinen Einnahmen nicht etwas aufhilfst. Ich habe natürlich kein anderes Interesse, als deine Freundschaft zu gewinnen, dir zum

---

[1]) *al-muṭammi'ūn* die Begehrlichkeit zu erwecken suchen.

Vorteil zu raten[1]) und dir zu dienen. Ich selbst will bei Gott gar nichts von diesem Geschäft unter meiner Hand haben, würde mich auch durch keinerlei Gründe dazu bewegen lassen, irgend etwas davon in die Hand zu nehmen, sondern es müßte alles in deiner Hand oder in der Hand eines deiner Diener oder Vertreter liegen, damit niemand an der Lauterkeit meiner Absichten zweifeln kann.« Nach solchen Worten entfernt er sich mit der Miene gutmeinender Ratgeber und mitleidiger Freunde. Mit derartigen sophistischen Reden setzt er ihm noch öfters zu, spiegelt ihm alle denkbaren begehrenswerten Dinge vor und stachelt ihn zu unerfüllbaren Wünschen auf. Wenn jener dann auf all dies eingeht, so geht es zwischen ihnen in einer der beiden folgenden Weisen weiter:

In dem einen Falle schenkt ihm jener sein Vertrauen und gibt ihm das Kapital in die Hand. Der falsche Freund gibt ihm dann wohl etwas davon angeblich als Gewinn und bringt so die Zeit herum und hält ihn hin, läßt ihn nur ab und zu ein klein wenig Geld sehen. Dem betörten, verblendeten Kaufmann aber macht es keine Beschwerden, das auszugeben, weil seine Begehrlichkeit ihn glauben macht, daß das alles Gewinn, und daß das Kapital wohl aufgehoben sei, ahnt aber nicht, daß sie beide von eben diesem Kapital zehren. Das dauert solange, bis sie sich in der Mitte (des Kapitals) treffen; dann entschuldigt sich jener mit allerlei Mißgeschick und Unglück, und wenn ihm der Kapitalist zusetzt und energischer fordert, so wird er ausfällig und beleidigend
S. 54 und besticht mit dem Rest des Geldes ein paar angesehene Leute, die ihn in Schutz nehmen und verteidigen. Denen jammert er dann vor und beklagt sich und sagt: Dieser Mann hat mich mit wucherischer Ausbeutung an den Bettelstab gebracht, hat meine Dienste in Anspruch genommen, ich habe mich für ihn abplagen müssen, und er hat mir keinen Pfennig dafür gegeben, und jetzt will er mich in Schaden und Verderben stürzen. Und wenn dann noch besondere Rücksicht auf den Kapitalisten genommen wird, so gibt er ihm eine schriftliche Verpflichtung (*ḥuǧǧa*), löst sie dann aber nie ein, es sei denn im Jenseits vor Gottes Thron.

Wenn der Kapitalist aber dem Betrüger kein Geld anvertraut, sondern darauf besteht, die Ware selbst anzunehmen und bei sich aufzuspeichern, so setzt sich jener ins Einvernehmen mit den Käufern und Verkäufern, so daß der Gewinn doch in seine Taschen fließt, und sorgt dafür, daß er doch nicht zu kurz kommt. Wenn dann der Marktpreis der gekauften Ware nur ein wenig steigt, so daß dem Kapitalisten ein geringer Gewinn zufließt, und mag er noch so klein und unerheblich

---

[1]) *nuṣḥuka.*

sein, so stellt er sich darüber sehr erfreut, macht großes Wesen davon dem Kapitalisten gegenüber und bringt ihn zu dem Wahn, daß die Schlüssel der Nahrungsspenden in seiner Hand lägen. Geht aber die Ware schlecht und wird billig, so weist er ihn an die Vorsehung und sagt: Allwissend bin ich auch nicht, der Lauf der Dinge liegt in niemandes Hand. Ich habe es nur gut machen wollen, so gut ich vermochte, Gott ist der alleinige Lenker, auf ihn habe ich mein Vertrauen gesetzt.

Wisse, mein Bruder — Gott geleite dich — schlimmer und gemeingefährlicher noch als diese »Aufstacheler der Begehrlichkeit« sind die, die sich der Alchemie ergeben, das sind die, die lüstern sind und lüstern machen nach der Herstellung von Gold und Silber auf anderem Wege als dem der Gewinnung aus den Erzlagern. Jeder verständige Mensch muß sich hüten, sich mit ihnen einzulassen und jemals auf ihre Fabeleien zu hören. — Gott schütze jeden Gläubigen vor ihrem Unwesen, so er will.

Wie man sich hüten muß vor den kulanten Betrügern[1]).

Diese Menschen gehören zu den schlimmsten Betrügern, von denen die Leute am häufigsten betrogen werden, und zwar auf folgende Weise: Wenn der Kapitalist einen solchen Mann auffordert, um mit ihm einen Kauf abzuschließen, so befleißigt er sich der größten Eilfertigkeit, sucht mit großer Gewissenhaftigkeit Ware von guter Qualität heraus, mißt oder wägt die Ware reichlich zu, gewährt etwas Nachlaß von dem eigentlichen Preise und begibt sich mit der Bezahlung fort. Der Kapitalist hält ihn dann für einen sehr gescheuten Mann und meint, daß er einen so billigen Kauf auf die Gewohnheit (Prinzipien), Un-
eigennützigkeit, Zuverlässigkeit, Redlichkeit und die glücklichen S. 55
Unternehmungen dieses Mannes zurückzuführen habe, und ist eher geneigt, seine eigenen Diener und Vertrauensleute für Betrüger zu halten. Ganz entsprechend benimmt sich der Betrüger, wenn er zu einem Verkauf aufgefordert wird, dann sucht er das beste Geld heraus und gibt noch etwas über das Gewicht hinzu; nicht anders, wenn man ihn zum Summieren oder Subtrahieren auffordert. Durch dies Benehmen erreicht er schließlich, daß jener ihm gewogen wird, ihn lieb gewinnt, sich auf ihn verläßt und ihm in vielen Dingen sein Vertrauen schenkt. So wird der Betrüger Herr über ihn und beutet ihn aus[2]).

---

[1]) *al-mubartiḫūn* v. Kremer, *Beiträge* S. 196, *mubartiḫ* — Betrüger, Schwindler.

[2]) *jastaqṭiʿuhu.*

Wie man sich hüten muß vor Schwindlern und Hochstaplern (*al-mumaḫriqūn al-mumawwihūn*).

Diese Leute stellen sich bei Leuten von bedeutendem Vermögen ein, tun, als ob sie ihresgleichen wären, geben sich das Ansehen von gutsituierten und pekuniär unabhängigen Leuten und verkehren mit ihnen mit einer Freiheit, als ob sie zu ihren Freunden gehörten, legen auch Wert auf elegante Kleidung und machen reichlichen Gebrauch von Parfümen. Endlich erzählt so einer gelegentlich dem Kapitalisten in möglichst glaubwürdiger Form, was er in seiner Branche für vorzügliche Geschäfte gemacht habe, um ihn damit zu umgarnen. Das treibt er solange, bis der Kapitalist des festen Glaubens ist, daß jener alljährlich die größten Summen verdiene und es ihm nicht darauf ankomme, wie er ausgäbe, äße und tränke, was er erneuere und womit er sich begnüge. Und seine Seele wird gierig danach und sagt wohl zu ihm wie in keckem Scherz: Lieber Abu So und So, du willst wohl die ganze Welt für dich allein haben, willst du uns nicht Anteil an diesen schönen Geschäften und deinem großen Gewinn gönnen? Dann sagt jener: Du bist mir zu ängstlich im Geldausgeben und meinst, das Geld, das du ausgäbest, wäre dir verloren. Du scheinst nicht zu wissen, daß das Geld ist wie ein Falke: wenn du ihn losschickst, sucht er selbst seine Nahrung und versorgt auch dich mit Speise; hältst du ihn aber gefangen, so erjagt er nichts, und du mußt ihn noch füttern, wenn er nicht sterben soll. Ebenso ist es mit dem Gelde: wenn du es festhältst, so gewinnt es nichts, und du mußt noch davon ausgeben. Dann sagt jener: Bei Gott, es ist, wie du sagst. Wenn du mir einen Rat geben wolltest, so würde ich nicht unfolgsam sein. Dann sagt der Schwindler, der Betrüger: Bei Gott, wenn ich wüßte, daß du Lust hättest zu einer Sache, zu der dies der Weg ist, so wollte ich mit dir zusammen schon ein schönes Stück Geld verdienen, und dein Vermögen würde einen Zuwachs von großen und bedeutenden Summen bekommen — dabei breitet er die Gefilde der Hoffnungen vor seinem schweifenden Blicke aus —, aber über das Vergangene soll nicht geredet werden, das Handeln
S. 56 liegt in der Zukunft, und es werden sich zwischen uns schon feste Beziehungen knüpfen, deren Ausgang du zu loben haben wirst, so Gott will. Darauf dankt ihm der Kapitalist aufs wärmste für diese Worte und glaubt, daß er schon gewonnen habe, wenn er eine Geldsumme von ihm bekommen habe. Und er hört nicht auf, ihm zuzusetzen, während jener ihn hinhält und — um seine heiße Begierde noch zu steigern — sich fortwährend Geld vorschießen läßt, bis der ihm das ganze Vermögen als Vorauszahlung hingibt, und wenn er alles von ihm

bekommen hat, so geht es weiter, wie bei dem ersten Betrüger (dem *muṭammiʿ*), als das ganze Geld in seinen Händen war.

Wie man sich hüten muß vor den Scheinheiligen, die der Welt Glück mit der Religion erjagen wollen[1]).

Diese Leute sind die Heuchler, die viel Kasteiung und frommes Wesen / ängstliches Vermeiden alles Bösen / fleißiges Gebet und Fasten zur Schau tragen / damit sie bei Richter und Behörde / bei den Vornehmen und bei der Herde / den Geruch der Heiligkeit davontragen / Sie besuchen die Besitzer von großer Habe / mit guten Botschaften, vielen Bücklingen und süßer Redegabe / sie zeigen sich oft bei Hofe als Gratulanten zu den Festen / oder bei Geburten unter den Glückwunschgästen / oder bei Rückkehr von Reisetagen / oder der Bewahrung vor Gefahren / sie stellen sich reich und wohlgestellt / und geben die Religion als Vorbezahlung für die Welt / und zumeist ist ihr Verlangen, daß man ihnen Gelder anvertraut / oder sie mit der Vormundschaft von Waisenkindern betraut / daß die Menge sie ehrt und preist / und kein Richter ihr Zeugnis abweist / daß die Könige sie berufen als Aufsichtshalter / und die Vornehmen als Gutsverwalter.

Diese Leute sind schlimmer als Räuber und Wegelagerer, die als schädlich und verderblich bekannt sind. Denn da diese als Bösewichter berüchtigt sind, veranlaßt das die Leute, sich selbst vor ihnen zu hüten; diese aber sehen aus wie rechtschaffene Leute, und man läßt sich von ihnen täuschen. Es heißt mit Recht: Heuchelei ist die schlimmste Ketzerei.

Die Erhaltung des Vermögens.

Zur Erhaltung des Vermögens gehören fünf Dinge: Erstens, daß man nicht mehr ausgibt, als man einnimmt; denn wenn das S. 57
geschieht, so verschwindet alsbald der Besitz und es bleibt nichts davon übrig. Man erzählt von einem Mann, der ein Kapital von 500 Denaren besaß, einen jährlichen Gewinn von 500 Denaren und jährlich 500 Denare Ausgaben hatte. In einem Jahre nun hatte er zwei Denare Ausgaben mehr und mußte diese vom Kapital abnehmen. Da war er nach neun Jahren ein armer Mann geworden, dem nichts mehr geblieben war, und der noch vom Kadi wegen unbezahlter Schulden in Haft genommen wurde. Der Schlüssel zu dieser Geschichte liegt darin, daß ihm im ersten Jahre 2 Denare, im zweiten 4 Denare, im dritten 8,

[1]) *al-munamninūna 'llaḏīna jaṣīdūna 'd-dunjā bi-'d-dīn.*

im vierten 16, im fünften 32, im sechsten 64, im siebenten 128, im achten 256 und im neunten 512 Denare verloren gingen.

Zweitens dürfen die Ausgaben nicht gleich, sondern müssen geringer sein als die Einnahmen, damit ein Überschuß bleibt für unvorhergesehene Fälle oder eine Havarie, die sich ereignen kann oder — wenn er Kaufmann ist — für etwaige Geschäftsverluste, wie z. B., daß eine Ware nicht abgeht und schließlich zu verderben droht, so daß sie mit großem Verlust verkauft werden muß, oder daß sein Getreide und die Erträge seiner Weinberge und Obstgärten von irgendeinem Schaden betroffen worden sind und dergleichen. Alle diese Dinge erlauben es nicht, nach den Ausgaben eines Tages die Ausgaben des anderen Tages abzumessen, sondern man muß der Berechnung einen langen Zeitraum, etwa von einem Jahre, zugrunde legen. Auf das Gute kann unmittelbar das Schlechte folgen, denn die Einnahmen, die zu einer Zeit spärlich fließen und gering sind, können das nächste Mal zu derselben Zeit entweder geringer oder größer sein. Ebenso ist es mit den Ausgaben: auch sie sind abhängig von dem Wechsel der Ereignisse. Das nimm dir zu Herzen, Gott, der Erhabene und Allmächtige, geleite dich zum Guten. Amen.

Drittens erfordert die Erhaltung des Vermögens, daß man sich hütet, seine Hand auszustrecken nach Dingen, denen man nicht gewachsen ist, und die man nicht halten kann, so z. B. wenn einer Geld
S. 58 anlegt in einer Dorfflur, die er nicht bewirtschaften kann, oder für verschiedene Güter, die er nicht selbst überwachen kann, und zu deren Verwaltung er auch keine geeigneten Hilfskräfte zur Verfügung hat, oder wenn er soviel Sklaven und Vieh kauft, daß die Ausgaben dafür seine Vermögensverhältnisse überschreiten. Ein Mann, der solches tut, gleicht einem gierigen Menschen, der ißt, was sein Magen nicht verdauen kann, denn eine unverdaubare Speise dient nicht nur nicht zur Ernährung des Körpers, sondern führt häufig auch die Abscheidung von Stoffen mit sich, deren Entfernung aus dem Körper diesem schädlich ist. Wenn er aber solche Dinge treibt, denen seine finanziellen Kräfte gewachsen sind, so bietet er gerade die richtige Voraussetzung dafür, daß ihm kein Gewinn, geschweige, daß ihm sein Kapital verloren geht.

Viertens darf man sein Geld nicht in Dingen anlegen, die man nur langsam absetzen kann, d. h. in solchen Dingen, die nur wenig Nachfrage finden, weil das gewöhnliche Volk ihrer nicht bedarf. So die Edelsteine, die nur die Großen und Fürsten nötig haben, wobei man noch fürchten muß, daß man die Vermittler nicht aufmerksam genug behandelt, oder nicht genug Geld für sie aufwendet, oder die wissenschaftlichen Bücher, die nur von Wissenschaftlern und Gelehrten gekauft werden, die meistens arm und dazu noch gering an Zahl sind, und was es sonst noch für Dinge gibt, die wenig verlangt werden.

Für die Leute aber, deren Einkommen in fester Bezahlung besteht, wie Sekretäre und Soldaten und wer sonst hierher gehört, oder wie die Handwerker, die mit ihren Händen und mit ihrem Körper arbeiten, ist die rechte Politik für ihr Erwerbsleben ausdauernde, ehrliche und treue Arbeit; der Erfolg wird sich ihnen schon zeigen.

Fünftens endlich ist zur Erhaltung des Besitzes notwendig, daß man schnell sei zum Verkauf von Ware, aber langsam zum Verkauf von Grundbesitz, selbst wenn der Gewinn bei jenem gering und bei diesem groß wäre.

Wovor man sich beim Ausgeben des Vermögens hüten muß.

Beim Ausgeben hat man sich vor fünf Eigenschaften zu hüten: vor Geiz, Knauserigkeit, Verschwendung, Protzerei und vor schlechter Verwaltung. Was den Geiz anbetrifft, mein Bruder, so besteht er darin, daß man sich den Pflichten des Edelmuts entzieht, wie daß man die Verwandten mit seinem Gelde unterstützt, oder sich gegen den Freund freigebig zeigt, oder Respektspersonen gebührend berücksichtigt und die Forderungen der Frömmigkeit erfüllt, wie das S. 59
Almosengeben an bedürftige Leute, all das in dem Maße, wie es seinen Mitteln und seinen Vermögensverhältnissen entspricht. Die Knauserigkeit besteht darin, daß man die nun einmal notwendigen und unvermeidlichen Ausgaben, wie die für Familie und Haushalt, übermäßig einschränkt; die Verschwendung darin, daß man sich ganz dem Vergnügen ergibt und seinen Leidenschaften fröhnt; die Protzerei darin, daß man in Mahlzeit und Kleidung über seinen Stand hinaus lebt, um damit zu prahlen. Die schlechte Verwaltung besteht darin, daß einer seine Ausgaben nicht gerecht und gleichmäßig auf alle seine Bedürfnisse verteilt, so daß er für jede Rubrik soviel aussetzt, wie ihr zukommt, sondern hier zu viel und da zu wenig ausgibt. Die Folge davon ist, daß die Dinge in seiner Wirtschaft nicht zusammen passen, keine Ordnung in seinen Haushalt kommt, und eines nicht zum anderen stimmt. Schlechte Verwaltung ist es auch, wenn einer die notwendigen Einkäufe nicht frühzeitig genug, d. h. dann macht, wenn die Ware reichlich vorhanden, leicht zu haben und sicher vor etwaigem Verderben ist, sondern sie hinausschiebt in eine Zeit, wo er die Ware dringend notwendig braucht, so daß er keine freie Wahl mehr hat und sie nehmen muß, wie sie gerade ist und zu jedem Preis. Ebenso ist es

aber eine schlechte Verwaltung, wenn einer seine Einkäufe so früh macht, daß ihm die Waren in der Zwischenzeit verderben [1]), ehe er sie braucht, oder daß sie deshalb umkommen, weil man es versäumt, sie mit der gehörigen Sorgfalt aufzubewahren.

Den Geizigen wird nun die Strafe als Folge davon ereilen, daß er nichts von Edelmut weiß und so wenig dessen Wert und Vorzug kennt; den Knauserigen, daß er nicht weiß, was sich gehört und was recht und billig ist, und was für Nachteile dessen Vernachlässigung mit sich bringt; den Verschwenderischen, daß er die Richtigkeit seines Urteils durch den Genuß beeinflussen läßt. Diese beiden, der Geizige und der Verschwender, sind bei den Menschen verhaßt, weil sie eine Art von Gewalttätigkeit ausüben. Der Verschwender wird von den Gebildeten wegen seiner Unbildung und vom Volke aus einem gewissen Neidgefühl heraus verabscheut. Der Protz aber ist der Elendeste von allen; denn wenn der Geizige und der Knauser auch von den Leuten gehaßt werden, so hat man bei ihnen wenigstens die Hoffnung, daß ihr Vermögen erhalten bleibt, und wenn der Verschwender auch tadelnswert ist, so hat er doch wenigstens den Genuß von seinem Vergnügen; der Protz aber hat weder ein Vermögen, das er erhielte, noch ein Vergnügen, das er genösse, aufzuweisen. Noch elender aber als dieser, ist der, der sein Vermögen schlecht verwaltet; denn es wird sich an ihm
S. 60 rächen, daß er weder das Maß der Ausgaben noch die rechte Zeit dazu kennt.

Wer aber den Kanon des Edelmutes kennt und ihn wie die ihm obliegenden Pflichten erfüllt und nicht außer acht läßt, wer sich in den Ausgaben für seine Vergnügen Beschränkung auferlegt, und nicht die Grenzen seines Standes überschreitet, und wer abzumessen versteht, wieviel Ausgaben jeder Rubrik seiner Bedürfnisse zukommen und danach seine Ausgaben verteilt und nicht an einer Stelle zuviel ausgibt, so daß er an einer anderen sparen muß; auch die Zeit kennt, zu der er jedes Ding nötig hat, und nicht eine Sache, die er nötig hat, so früh kauft, daß sie verdirbt oder verloren geht, ehe er sie braucht, noch den Kauf hinausschiebt, wenn die Zeit, wo er sie nötig hat, gekommen ist, so daß er in Eile und unter Zwang kaufen muß, oder der Augenblick, in dem er sie braucht, vorübergeht, und er sie dann umsonst kauft, oder daß sie rar wird und nur noch zu einem sehr hohen Preis zu haben ist: der, der alle diese Forderungen erfüllt, dem schreibt man edlen Sinn und Freigebigkeit, Wohlhabenheit und Frömmigkeit, Uneigennützigkeit und Zielbewußtheit, Entschlossenheit und gute Verwaltung zu.

---

[1]) Das folgende *kašarā'ihi* dürfte nach der Parallele S. 60 Z. 5 zu streichen sein.

Ein solcher Mann aber, dessen Ernteertrag oder Zinseinkommen oder Dienstlöhnung zur Versorgung seiner selbst und seiner Familie ausreicht und ihm noch einen Überschuß läßt, den er teils für die beschriebenen frommen Zwecke verwenden, teils für die Zeit der Not aufsparen kann, der soll nicht mehr begehren, denn mehr als dies zu verlangen, wäre unmäßig.

Über die Vorsicht, bei dem, was man ausgibt.

Die Vorsicht beim Ausgeben besteht darin, daß man die nötigen Lebensmittel aus den Speichern zu einer Zeit kauft, wo sie in großer Menge vorhanden sind und reichlich eingeführt werden, das gilt für Weizen, Gerste, Gartenfrüchte, sowie Zukost zum Brot, wie Honig, Butter, Fett und dergleichen, sowie für Holz, das man sich in reichlicher Menge besorgen soll. Mit alledem sei man vorsichtig, bewahre es an gesonderten Orten auf und gebe davon in jedem Monat der Familie soviel heraus, wie sie nötig hat. Bei Weizen, Gerste und Körnerfrüchten helfe man sich so, daß man stets Bedarf für zwei ganze Jahre aufspeichert, weil man nicht sicher ist vor Mißernten, feindlicher Belagerung und dergleichen.

Bei Bekleidungsstoffen versäume man nicht, sie zur Haupt- S. 61
einfuhrszeit, wenn das Angebot groß und die Nachfrage gering ist, zu kaufen, und zwar kaufe man die Winterkleidung im Sommer und die Sommerkleidung im Winter. Nicht minder sei man auf seiner Hut bei Bauten und baulichen Ausbesserungen; man beschaffe das Holz, das Rohr, den Kalk, die Steine und alle Geräte unter Beachtung derselben Vorsichtsmaßregeln, deren Notwendigkeit soeben für die Kleidung [1]) hervorgehoben worden ist. Auch stelle man die Handwerker an die Arbeit, wenn die Tage besonders lang sind oder mittlere Länge haben. Seinen Bedarf an Sklaven und Vieh kaufe man ein, wenn die Lebensmittel teuer sind. Zu derselben Zeit kaufe man auch Grundbesitz: Häuser, Herbergen und dergleichen. Felder, Mühlen und Backöfen aber kaufe man nur in billigen Zeiten, wenn großer Überfluß herrscht, Waffen nur in Zeiten der Sicherheit, der Ruhe und des Friedens.

Daß der Schutz des Vermögens notwendig ist.

Das erste, was not tut, ist einer energischen Seele Kraft / löbliche, wohlgefällige Charaktereigenschaft / und Genügsamkeit, die Bewahrung des Ansehens schafft. / Nicht minder nötig ist die Sorge um die Bewahrung

---

[1]) Im Text steht *fi'l-abnija*, wohl Dittographie für *aksija* oder dergl.

des Besitzes und seine Erhaltung und Fruchtbarmachung [1]); denn das ist die Grundlage für eine vollständige Verwaltung. Weder der, der die Welt mit ihrem Glück lieb hat, noch der, der sie flieht, kann des Strebens nach soviel Besitz, wie zur Lebensführung unumgänglich notwendig ist, entraten. Auch ist es allbekannt, daß das Glück [2]) nie gibt, ohne zu nehmen, nie erfreut, ohne zu betrüben, und nie gerecht behandelt, ohne tyrannisch zu bedrücken; und daß es des Nachts mit einer Wohltat anklopft und am Morgen mit der Grimasse eines bitteren Unglücks aus dem Schlafe schreckt. Es zeigt dir sein Gesicht und tut wohlbekannt, und wendet sich ab und stellt sich unbekannt, es wickelt ein das Handeln und breitet aus das Hoffen. So kennen es die Menschen und so ist seine Gesellschaft.

Der Besitz geht oft verloren durch die geringsten Ursachen. Darum hat man gesagt: Kein Armer ist so arm wie der Reiche, der sich vor Armut sicher glaubt.

Ein Weiser ermahnt seinen Sohn mit folgenden Worten: Mein Sohn, Wissen mußt du suchen und Besitz sammeln; denn die Menschen zerfallen in zwei Klassen: die Freien und Gebildeten und das gewöhnliche gemeine Volk. Die Gebildeten werden dich ehren wegen deines Wissens und das Volk wegen deines Besitzes; und wisse, daß nur selten ein Ding, das nicht mehr wächst, nicht abnimmt, und stete Abnahme
S. 62 vernichtet auch ein großes Objekt, wie (stete) Zunahme ein kleines wachsen läßt.

Es heißt in dem Buche *Kalila und Dimna* [3]): Der Erdenbürger muß drei Dinge erstreben, die er nur durch vier andere erlangen kann. Diese drei zu erstrebenden Dinge sind: ein Leben in Wohlstand, eine geachtete Stellung in dieser Welt und Reisezehrung nach der anderen Welt. Die vier Mittel dazu aber sind: daß man den Besitz auf rechtmäßigem Wege erwirbt, daß man das Erworbene gut verwaltet, daß man es fruchtbar anlegt [4]), und daß man es ausgibt für Wohltaten an den Verwandten und den Brüdern und so, daß man im Jenseits selbst den Nutzen davon zurückempfängt. Wer aber eine von diesen

---

1) *tamjīz* steht im Text, zu dem *tamjīz al-māl* wird auch *Kalila und Dimna* am Anfang des ersten Kapitels (Ckeikho's Ausgabe S. 53, Z. 6 v. u.) ermahnt. Dies *tamjīz* wird seit Silvestre de Sacy von allen Herausgebern und Übersetzern in *taṯmīr* geändert, was die hier gegebene Übersetzung entschuldigen mag. Freilich erhält das schwierige *tamjīz* durch die vorliegende Stelle auch für den *Kalila und Dimna*text eine Stütze. Doch vergl. dagegen die Parallelstellen *'Iqd* I, 311; 313.

2) *ad-dunjā*, eigentl. die Welt.

3) Aus dem ersten Kapitel. Ausgabe von Cheikho S. 53. Zuletzt übersetzt von Schulthess, *Kalila und Dimna* II, S. 1 f.; die ganze Stelle auch *'Iqd* I, 313.

4) *at-tamjīz lahu*. Vergl. oben Anm. 1).

vier Eigenschaften außer acht läßt, der erreicht sein Vorhaben nicht. Wenn er weder erwirbt noch Vermögen hat, so findet er weder für sich noch für andere den nötigen Lebensunterhalt. Wenn er aber Vermögen und Einnahmen hat, seine Habe aber nicht zu verwalten weiß, so schwindet sie bald dahin, und wenn er sein Vermögen ausgibt und nicht durch fruchtbare Anlage vermehrt, so wird es, auch wenn er nur kleine Ausgaben macht, unfehlbar bald aufgebraucht sein, wie das Augenpulver, das man doch nur stäubchenweise nimmt, doch sehr bald aufgebraucht ist. Wenn er aber zwar erwirbt und das Geld anzulegen und gut zu verwalten versteht, sich aber nicht entschließen kann, es für die rechten Zwecke, wie es sich gehört, auszugeben, so ist er gleich einem Armen, der gar keinen Besitz hat, und wird es auch trotzdem nicht hindern können, daß sein Vermögen ihn im Stich läßt und dahin geht, von wo er es nicht wiedererlangen kann. Er gleicht einem Wasserbecken, in das das Wasser beständig einfließt und das keinen (unterirdischen) Abfluß und keine Austrittsöffnung hat; das Wasser fließt doch an verschiedenen Stellen hinaus und verliert sich.

Verbot der Verschleuderung und Verschwendung des Vermögens.

Ein Schöngeist schrieb einst an seinen Bruder, der ein glänzendes Vermögen geerbt hatte, aber Umgang mit schlechtem Volk pflegte, folgendermaßen: »Ich sehe, daß du einen langsamen Schritt angeschlagen hast, wo ich lieber gewollt hätte, daß du einen schnelleren gingest [1]. Du hast dich den Lockungen der Liebe ergeben und hast dich Leuten ausgeliefert, die du aufrichtig und mit ganzem Herzen lieb hast; du hast dich auf etwas eingelassen, dem ich dich nicht gewachsen sehe, und bist einen Weg gegangen, der schon umsichtigere Leute in die Irre geführt hat. Aber wenn die Wogen des Kampfgetümmels zurückfluten, dann erfährst du am anderen Tage, wer auf der Wahlstatt geblieben ist; und dann, wenn Wahrheit ans Licht kommt, wird man S. 63
den treulos Verlassenen zur Flucht genötigt sehen. Wisse, daß es einst schrecklich über dir tagen wird und du dann zurückbleibst als ‚Gefährte der Torheit — Genosse der Schuld'. So kehre doch um, — um Gottes Barmherzigkeit willen — eh' dich die Reue erreicht. Hüte dich, daß der unaufhörliche Genuß nicht doch einmal wie ein Traum zu Ende geht. Wende dich ab von dem Verführer und fliehe fort, daß du nicht dahin kommst, / wo kein Gefährte dir frommt / und kein Freund zu dir kommt, / sondern wo sie dich lassen mit entrissener Habe, / an deiner

[1] *qad hamǧalta* (für *hamlaǧta*) *fī-mā kuntu uḥibbu an tuʿniqa fīh.*

Sehnsucht Grabe, / in der Reue Pein / mit deinen Gedanken allein, / mit verlorener Beute / statt in Freud in Leide / und in dem Mund der Leute. Dein Herz ist vertändelt, dein Sinn gefangen, deine Gedanken verdorben. Doch hoffe ich, wenn du hörst und dich belehren läßt, wirst du auch handeln; wenn nicht, so geht es mit dir, wie der Dichter sagt:

‚Ein Lebendiger würde hören, wenn du riefest, doch ist es ein Toter, den du rufest.'

Wisse, du Betörter, die du zu deinen Freunden machst, suchen deine Freundschaft mit schlauer Freundlichkeit, du aber gewährst ihnen deine Freundschaft mit argloser Dummheit [1]). Hüte dich doch ja, darauf zu hören, wenn sie sagen: ‚Gott weiß, wie wir dich lieben, du unser Herr und Meister, dessen Knechte, Diener und Sklaven wir sind, du unsere Hoffnung und unsere Freude, du einziges Ziel unserer Gedanken, der allein uns das Leben süß macht, du Freigebigster der Sterblichen, du Edelster der Männer, du Anmutigster der Menschen, du, dessen Ziele hoch und dessen Herz weit ist, für den Geld und weltliches Gut keinen Wert haben, der du freigebiger bist als der Wind und tugendhafter als der Hauch der Luft, der du schöner bist als der Mond und strahlender als die Sonne und von feinerer Natur als die Luft, du Gipfel aller Vortrefflichkeit' und dergleichen in allen Tonarten und Variationen, Schmeicheleien und Freundschaftsversicherungen, Versuchen, deine Gunst zu gewinnen, und Liebesbezeugungen und Versicherungen ihrer Zuneigung. Diese Reden, mein Bruder, sind nichts als ein Ballschläger für Geldausgaben, eine Wurfmaschine der Armut, eine Balliste des Bankrotts, ein Wetterhahn unter den Vögeln [2]) und blauer Dunst (*suḫrīja*). Darum kehre dich ab von deinem jetzigen Wesen, sonst wirst du bald in Armut und Bestürzung dastehen. Wie sollte es auch anders möglich sein, wo sie dich mit Hoffnungen hinziehen, und du das ganze Geld ausgibst. Unmöglich, daß du je zurückbringst, was einmal entschwunden ist bis zum jüngsten Tage. Oder weißt du nicht, daß eine Sache, die den Rücken gekehrt hat, sich nicht wieder nach vorn wendet? Siehe, die Ausgaben verzehren das Vermögen, die Sünde richtet es zugrunde, und die Vergnügen zerstreuen es. Wenn du mit unbefangenem Blick zusiehst, wirst du den Sachverhalt selbst erkennen.

Und nun habe ich dir meinen Rat gegeben, wenn du den Rat
S. 64 nur annehmen willst. Das sind schlechte Leute, die nicht guten Rat geben. Doch wer einen Toren seiner Torheit wegen tadelt und

---

[1]) *bi-salāmatin wa ḫurqin.*

[2]) D. h. so wenig echt, wie der Wetterhahn (*abū riјāḥ*), vergl. ZDMG. VI, 59, ein echter Vogel ist.

ihn von seinem Fehler abbringen will, der ist wie einer, der im Sonnenlicht eine Lampe anzündet, oder das Haupt eines Toten ansingt, oder ein Standbild anredet, um von ihm Antwort zu haben. Ich habe dir auseinandergesetzt, was der Tor sich selbst antut, und was für ein böses Ende er nimmt — und sei gegrüßt.«

In der Abhandlung eines anderen Schöngeistes heißt es: »Hüte dich, einen Dirhem auszugeben, bis du etwas in deiner Hand siehst, was besser ist als er; denn selbst gehäufter Sand, von dem man nur nimmt, ohne etwas hinzuzutun, geht einmal zu Ende. Auch die Berge von Isbahan verschwinden durch das Stäubchen, das am Schminkstift hängen bleibt. Ich sage dir: Hüte dich vor den Orten, wo die Betrogenen niedergestreckt werden, und hebe dich fort von den Schlummerbetten der Verführten. Laß mich in Ruhe mit den Geschichten dieser Leute, die sich verstellen, und mit dem Zaubersprüchlein der Betrüger. Noch heute haben die Menschen nicht aufgehört, die Bewahrung ihrer Güter vor Verschwendung und die Vermeidung von Verschleuderung für nötig zu halten. Darum halte dich an das, was du weißt, und verschone uns mit dem, was du nicht weißt. Hast du je gehört, daß ein Mann die Leute, die durch sein Geld reich, und durch deren Reichtum er arm geworden war, nach seinem Armwerden gegrüßt und von ihnen Gegengruß empfangen hätte? Hast du sie gesehen, wie sie ihn halb als Dummkopf behandelten und halb sich vor ihm zu verstecken suchten, ja, daß mancher ihm vielleicht noch Verfehlungen zur Last legte, die er als Entschuldigung für seine Unzugänglichkeit (*li-manʿihi*) und als Grund für das Unglück des anderen angab? Es sagt der Dichter:

»Bewahrung des Guten ist besser als Worte und Umherreisen ohne Wegzehrung; gute Instandhaltung vermehrt auch geringen Besitz, dem Verderben hält auch das größte Vermögen nicht stand.«

Und auf den Rücken des Tagebuches eines Persers fand man geschrieben: »Der Verständige hütet sein Vermögen, wie er sein Weib hütet, und ist ebenso eifersüchtig darauf, wie auf sein Weib, und wenn er das tut, so kommt er zu Wohlfahrt und Glück.«

Der Verfasser dieses Buches sagt [1]: »Ich saß eines Tages in Tripolis in Syrien auf dem Markte. Da bot der Ausrufer zerbrochene Silberstücke feil, darunter war ein echter Dirhem, dessen Gewicht etwas über ein *Miṯqāl* betrug. Auf dessen einer Seite war ein Stier S. 65
abgebildet, und auf der anderen Seite ein Reiter auf einem gesattelten und gezäumten Pferde in größter Schönheit; auf beiden Seiten aber

[1]) Das Folgende ist übersetzt von WIEDEMANN, *Beiträge* XXX, 230.

war eine Inschrift, die ich nicht verstand [1]. Ich kaufte das Silberstück von dem Ausrufer, und als ich den Dirhem so in der Hand drehte, da fiel er einem gelehrten Fremdling in die Augen, und er sagte zu mir: Ich kenne diese Münze, sie ist in Indien geschlagen und in Ghazna im Handelsverkehr. Dann las er mir die Verse, die in der fremden Sprache auf der Münze standen, vor und sagte: Die Übersetzung der indischen Schrift auf der Seite mit dem Pferde lautet folgendermaßen: ,Wer diesen Dirhem bewahrt und ihn nur ausgibt, wenn es Vernunft und Religion verlangen, der gleicht dem Reiter auf edlem, folgsamem Roß, der Macht hat, sich zu wenden, wohin er will.' Und die Inschrift auf der Seite mit der Abbildung des Stieres lautet: ,Und wer ihn verliert und fahrlässig damit umgeht und seinen Wert nicht kennt, der gleicht in seinem Wesen dem Stier in seinem Mangel an Urteilskraft, der nicht weiß, wohin er geht und wohin er geführt wird.'

Ein Literat schrieb an seinen Sohn: »Gott bewahre dich, mein Sohn! Sei im Umgang mit den Menschen wie ein Schachspieler, halte deine Sache fest und nimm die des anderen, da, wo du das Recht dazu hast. Denn wenn der Besitz einmal deiner Hand entflohen ist, so kehrt er nicht wieder zurück und wird so wenig je dem Schoße der Vergangenheit entrissen wie die ʿĀd, die Ṯamūd und die Grabenleute [2]. Der Denar ist wie ein Fieberkranker, wenn du ihn umwendest (ausgibst), stirbt er, und wer gestorben ist, der ist dahin. Daher merke dir den Vers des Dichters, der einst 100 000 Menschen aus ihrer Heimat zerstreute:

,Reise in den Ländern Allah's und suche den Reichtum, dann wirst du in Reichtum leben oder sterben und Entschuldigung finden' [3].

Hüte dich, mein Sohn, ihren Spuren zu folgen und ihr Schicksal zu erleiden. Lebe wohl!«

Man sagt: Wer nicht gut abschlagen kann, kann auch nicht gut geben. Was in gutem Zustand erhalten wird, das nimmt nicht ab, nichts aber, was Schaden erleidet, bleibt bestehen. Darum hüte sich jeder, der Einkäufe macht, denn betrogen wird immer sein Verstand, nicht sein Geld.

Ein Weiser sagt: Ein einsichtiger Mann soll Geist und Gedanken auf das Entschwundene nur richten, um eine Lehre daraus zu ziehen, wohl aber muß er ich bemühen, das Verbliebene zu erhalten.

Man fragte einst Plato: Warum erwirbst du Geld, wo du doch
S. 66 alt bist? Er sagte: Es ist besser, daß ein Mensch stirbt und seinen

[1]) Vergl. oben S. 2; die Inschrift ist Phantasie.

[2]) Anspielung auf *Qorān* 25, 40; 50, 12.

[3]) Dieser Vers auch bei Baihaqī ed. SCHWALLY 310, 13.

Feinden Geld zurückläßt, als daß er bei seinen Lebzeiten von seinen Söhnen oder Freunden abhängig ist [1]).

Sokrates sah einst einen Jüngling, der seine Habe verschwendete und schließlich so weit kam, daß er sich von Oliven nähren mußte. Da sagte er zu ihm: Hättest du dich mit dieser Speise genügt, so wäre dies nicht deine Speise.

Zijād sagte: »Wenn ich eine Million Denare hätte und einen räudigen Kamelhengst, so würde ich mit ihm umgehen, als wenn ich außer ihm nichts besäße. Und wenn ich nur 10 Dirhems besäße, und ich wäre zu einer Zahlung verpflichtet, so würde ich sie dafür hingeben.«

Es sagt ʿUtba b. Kaṯīr:

Die Menschen folgen dem, der in dauerndem Wohlstand lebt; wehe dem Knechte, dem darin der Fuß strauchelt.

Das Geld ist ein Schmuck, und wer nicht viel Dirhems hat, der gleicht lebendig einem Toten, wie ein Götzenbild.

Als ich sah, wie ich verlassen und allein war, und alle sich vor mir vor Scham verbargen,

Mich unfreundlich behandelten und sich abwandten, da sprach ich zu ihnen: Habe ich denn eine Sünde getan? Sie sprachen: Deine Sünde ist, daß du nichts hast!

Und ein anderer sagt in diesem Sinne:

Meine Vettern pflegten mir Willkommen zuzurufen; als sie mich aber in Mangel sahen, da starb das Willkommen.

Wie ein Armer, der kommt, etwas zu begehren, bei allen Menschen, die er trifft, als Sünder gilt [2]).

Man sagt auch: Wie der Reichtum in der Fremde eine Heimat ist, so ist die Armut für die, die eine Heimat haben, eine Fremde.

Ein Gelehrter sagt: Wenn dir eine Sache in die Hände fällt, so hüte dich, daß du nicht um sie betrogen wirst, denn du bist jetzt Herr (Besitzer), du wirst aber Sklave sein [3]). Ist sie aber hin und seiner Hand entschwunden, so trauere ihr nicht nach, denn auch wenn sie vom Schicksal für dich bestimmt würde, würde sie nicht zu dir zurückkehren.

Und ein Weiser sagt: Die fruchtbare Anlage des Vermögens ist ein Werkzeug edler Taten, eine Hilfe für das Heil der Seele (*dīn*) und ein Mittel, die Brüder zu gewinnen. Verlust des Vermögens aber läßt

---

1) Vergl. die *Vita Aesopi* (*Fabulae Romanenses graece* I, Leipz. 1872 ed. EBERHARD S. 289: καθ' ἡμέραν καὶ εἰς τὴν αὔριον ἀποταμιεύου. βέλτιον γὰρ πλουτῶντα ἐχθροῖς καταλεῖψαι ἢ ζῶντα τῶν φίλων ἐπιδεῖσθαι. Nachweis von Prof. BRINCKMANN-Bonn.

2) Beide Verse auch ʿ*Iqd* I, 314.

3) *fa'innaka takūn mālikan fataʿūdu mamlūkan.*

Zuneigung und Furcht verschwinden. Wer aber weder Zuneigung noch Furcht erweckt, der wird von den Leuten verachtet.

S. 67 Ḫālid b. Jazīd al-Muhallabī ermahnte sterbend seinen Sohn mit folgenden Worten: »Du bist noch ein Jüngling, deine Zunge übertrifft noch deinen Verstand (an Schnelligkeit), / noch fehlt es deinem raschen Geiste an Besonnenheit, / dich hat noch kein Unglück auf die Probe gestellt, / stets hat sich dir nur das Glück gesellt. / Die Habe ist groß, und die Macht ist klein, nichts fürchte ich für dich so sehr, als daß du zu gut von den Menschen denkst, denn die Menschen, mein Sohn, — Gott sei es geklagt — schwindeln deiner Rechten die Linke und deinem Auge dein Ohr ab. Fürchte die Diener Gottes nach Maßgabe dessen, was du von Gott erhoffst; das erste, was mir (soeben) in den Sinn kam, war die Hoffnung, daß Gott meine Nachkommen nach mir bewahren und ihnen nur Gutes bescheren werde, so Gott will und das hat folgenden Grund: Eines Tages überwältigte mich meine Begierde und ich zog einen Denar heraus, um meine Absicht auszuführen; da fiel mein Auge auf seine Prägung und auf den Namen Gottes, der darauf geschrieben stand, und ich sagte zu mir: Du gehörst zu denen, die den rechten Weg verloren haben und in der Irre gehen; du gabst einen Denar von rotem Golde aus deiner Hand, auf dem der Name des höchsten Gottes stand — es gibt keinen Gott außer Allah, Muhammed ist Gottes Prophet — und hast dafür eine Sünde eingetauscht in jener Welt und ein bald bereutes Vergnügen in dieser Welt. Wenn ein gläubiger Mann seinen Siegelring, auf dem geschrieben steht: Gott ist mein Genüge und ich traue auf Gott! zu irgendeinem Zwecke vom Finger nimmt, so glaubt er sich Gottes schützendem Flügel entzogen, bis er den Siegelring wieder ansteckt. Und das ist doch nur ein einziger Siegelring, du aber bist im Begriff, täglich Dirhems auszugeben, auf deren jedem der ganze Islam geschrieben steht, und die man nur ausgeben darf für Dinge, die zugleich Gott wohlgefällig und für dich nützlich sind. Und so tat ich und zügelte meine Leidenschaft, und ich hoffe, daß diese Tat ein gutes Werk ist, für das mir Gott das Paradies bescheren wird.« Sprach's und starb.

Al-Ǧāḥiẓ schreibt [1]): Ich sagte einst zu ʿAbdallāh al-Ḫuzāmī: Lieber Bruder, du scheinst Gefallen daran zu haben, daß dich die Leute ʿAbdallāh den Geizigen nennen? Da sagte er: Möge mich Gott diesen Namen nicht entbehren lassen. Ich fragte: Wie meinst du das? Er: Weil man jemanden nur solange geizig nennt, als er Vermögen hat, darum gib mir Vermögen und nenne mich, wie du willst. Darauf ich:

---

[1]) *Buḫalā* 50 Z. 15. Der hier vorliegende Text ist gekürzt und hat viele Abweichungen.

Auch den Freigebigen nennt man nur solange so, als er Vermögen hat, und der Name vereint Vermögen und Lob in sich, jener aber Vermögen und Tadel. Darauf er: Da ist doch ein Unterschied. Ich fragte: Welcher? Er: In dem Namen geizig liegt die Feststellung, daß das Vermögen in seinem Besitz bleiben wird; das Wort freigebig aber deutet darauf hin, daß das Vermögen seiner Hand entrinnen wird. Das Ver- S. 68
mögen ist nützlich und ehrebringend. Sein Besitzer gewinnt dadurch Ansehen; das Lob aber ist Wind und blauer Dunst, und darauf zu hören ist schwächlich und gemein [1]). Bei Gott, wie schlimm ist es wohl für jemanden, das Lob entbehren zu müssen, wenn sein Bauch hungrig ist, seine Haut nackend, und sein Feind seine Schadenfreude an ihm hat!

Es wird gesagt: Halte dich an der Gunst des Glückes schadlos für seine Ungunst [2]), denn Gott, der Gepriesene und Erhabene, gibt an einem Tage Versorgung für viele Tage.

Al-Kindī sagt: »Zur Erhaltung des Vermögens hat man Mauern gebaut, Türen verriegelt und Kisten angelegt, Versicherungen und Schlösser angewandt, Zeichen und Siegel angebracht, die Menschen haben schreiben und rechnen gelernt, für keine andere Sache wenden sie solche Schutzmaßregeln an, als für das Geld, ihr aber seid dessen Pest und Bohrwurm.« Er meint damit die Last einer großen Familie, die der Mensch auf sich lädt; denn die Familie ist der Bohrwurm für das Vermögen.

Vom Propheten wird der Ausspruch überliefert: Geringe Zahl der Familie ist eine von zwei Annehmlichkeiten (die Hälfte aller Ann.).

Man fragte einen Weisen: Wie kommt es, daß dein Vermögen nicht zunimmt, wo du dich doch bemühst, es zu vermehren? Er antwortete: Weil ich meine Familie dem Vermögen vorgehen lasse.

Und ein Gelehrter sagt: Für den Ungeschickten gibt es kein Vermögen und für den Geschickten keine Armut; das beste Vermögen ist, das dich ernährt, nicht das, was du ernähren mußt; Sklaven sind eine schöne Sache, aber kein Vermögen [3]).

Der Weise Luqmān sagte zu seinem Sohne: Es gibt zwei Dinge, wenn du sie bewahrst, so brauchst du dich nachher nicht zu kümmern, was du tust: Fang an mit deiner Religion bei der Sorge für deine einstige Wiederkehr, und fang an mit dem Dirhem bei der Sorge um deinen Lebensunterhalt. — Und es sprach al-Kumait b. Zaid zu Abbān b. Ṯaʿlaba: Laß die Leute nie merken, daß du arm bist, und solltest du Hungers sterben, denn um den Armen kümmert man sich nicht und kehrt sich nicht an ihn.

---

[1]) Lies statt *fušūla* mit dem Kairoer Text *fusūla*.

[2]) *ḫuḏ min iqbāli d-dunjā li 'idbārihā.*

[3]) *ar-raqīqu ǧamāl wa laisa bimāl.*

Und es sagt der Weise (d. h. wohl Luqmān): Wenn der Mensch arm wird, so mißtraut ihm der, der ihm bisher vertraute, und wer gut von ihm dachte, denkt schlecht über ihn. Wer von der Armut betroffen wird, der ist gezwungen, die Scham preiszugeben, und wer die Scham verloren hat, hat sein Ansehen verloren [1]).

Es gibt keine Eigenschaft, die für den Reichen ein Lob bedeutet, die nicht für den Armen einen Tadel enthielte. Wenn der Arme tapfer ist, so nennt man ihn waghalsig; ist er freigebig, so nennt man ihn
S. 69 einen Verschwender; ist er gütig, so nennt man ihn schwach; ist er ernst, so nennt man ihn einfältig; ist er beredt, so nennt man ihn geschwätzig; ist er schweigsam, so nennt man ihn blöd [2]).

ʿAbdallāh b. al-Muʿtazz sagt in einem Gedichte:

O Herr, Freigebigkeit zog die Armut eines Mannes nach sich
Und er ward zu einem Fingerzeige für die Menschen,
Darum binde fest die Knoten deines Besitzes und suche ihn zu erhalten,
Der Geiz ist besser, als bei einem Geizigen betteln zu müssen [3]).

Und in der Ermahnung eines griechischen Königs an seinen Sohn heißt es: Wisse, daß du die Güter wohl erwirbst, nicht aber mit ihnen die gute Verwaltung; wenn du die außer acht läßt und in deinem Wandel den Weg der Verschwendung schreitest, dann wächst bei dir die Begehrlichkeit nach Dingen, zu denen dir die besonnene Überlegung den Zugang nicht gestattet. Dann bekommt dein Tadler ein Argument in den Unbedachtsamkeiten, die dir entschlüpft sind, und du gerätst deinen Vertrauten gegenüber in eine abhängige Stellung, aus der du dich nur mit noch mehr als den verschwendeten Summen befreien kannst. — Wenn die Erträgnisse eines Reiches genau mit dem Verbrauch die Wage halten, so gleicht es einem Schiff auf hohem Meere, um das es wohl bestellt ist unter der Voraussetzung, daß es den richtigen Kurs innehält, dem aber das Versinken droht, sobald es den Kurs verliert. Bleiben die Erträgnisse hinter dem Bedarf zurück, so ist die Regierung gezwungen, der Bevölkerung eine Hinausschiebung der Bezahlung zuzumuten, und sie gibt die gute Wirtschaft, von dem Lande gleichsam nur unter Barzahlung etwas zu verlangen, auf, wodurch dann Leben und Gut der Bewohner aufs Spiel gesetzt werden. Sie untergraben durch dieses Wirtschaften im voraus ihre eigene zukünftige Existenz. — Wenn aber die Einkünfte des Landes den Bedarf

---

1) *man ḏahaba ḥajā'uh ḏahaba bahā'uh.*

2) Vergl. auch ʿ*Iqd* I, 316.

3) Der letzte Halbvers auch bei Baihaqī ed. Schwally 202, 11.

übersteigen, so liegt die Vortrefflichkeit eines solchen Zustandes so klar vor Augen, daß es keines Gleichnisses und keiner besonderen Aufzählung bedarf. — Einige unserer Alten haben wohl das Land, dessen Erträgnisse seine Bedürfnisse übersteigen, mit jugendlichen Körpern verglichen, die in ihrem Wachstum mehr produzieren, als (zu seiner bloßen Erhaltung) nötig ist. Ebenso verglichen sie das Land, dessen Produktion gerade den Verbrauch deckte, mit den Körpern der gereiften Männer, die nicht mehr wachsen, indem sie nur dem Zustande der Zersetzung wehren, und das Land, bei dem die Produktion hinter dem Verbrauch zurückbleibt, mit den Körpern verfallener Greise, denn über die gewinnt die Auflösung die Oberhand, und (die Kraft) sich aufrecht zu erhalten ist fern von ihnen. Und wie die verfallenen Körper dem Tode und der Verwesung nahe sind, ebenso ist der Besitz, bei dem die Ausgaben den Gewinn übersteigen, der Vernichtung nahe.

Am verderblichsten von allem aber sind für das Vermögen zwei S. 70
falsche Vorstellungen, an die ein Besitzer, der das Geld nicht zu werten versteht, glaubt. Nämlich erstens der Gedanke, daß das Geld dazu da sei, um ausgegeben zu werden, und daß, wenn man es nicht zu seinen Lebzeiten für das, was das Herz begehrt, ausgäbe, nach dem Tode es doch ein anderer in die Hand bekommen würde; und zweitens die Hoffnung, daß sich das ausgegebene Geld gewiß bald ersetzen würde. Das beides ist, wenn es sich nicht um ganz geringe Summen handelt, ein schädlicher Aberglaube. Denn das Geld, das man braucht, ist nicht dazu da, um ausgegeben zu werden; wenn man hinzufügte »für die notwendigen Bedürfnisse«, so gäbe es wohl einen guten Sinn. Vielmehr wohnt dem Gelde eine himmlische Kraft inne, nämlich die, die Herzen der Menschen seinem Besitzer zuzuwenden, so daß sie ihn für zuverlässig und für vollkommen halten und ihm vertrauen bei allem, was er tut und läßt. Dazu ist der, der Vermögen hat, sicher davor, sich je erniedrigen zu müssen, und bewahrt vor der Sklaverei der Not. Das Geld spielt für seinen Besitzer eine ähnliche Rolle wie die überschüssige Kraft für den Menschen. Wenn er ihrer bedarf, so verteidigt sie ihn, und wenn er sie nicht nötig hat, spart er sie auf bis zu dem Augenblick, wo er (Feinde) abwehren muß, und er hat keinen Einfluß auf ihre Vernichtung, Erhaltung und Ersetzung. Er hat kein Recht, die Gnadengabe, die er aus Gottes Hand empfangen hat, als Mittel zu benutzen, um Gottes Willen zuwiderzuhandeln, sodaß er seinen verderblichen Leidenschaften, seinen verschiedenen Lastern und Genüssen und seiner Befriedigung (*basṭa*) die Herrschaft darüber zuläßt; sondern er freue sich der gütigen Schutzherrschaft und gehe mit dem Geld um, gemäß den Rechten Gottes, die ihn umfangen; und wenn er am Ziel seines

Lebens angekommen ist, so wird es ihm nichts schaden, in wessen Hände sein Besitz nach ihm fällt. — Die Hoffnung aber, das ausgegebene Geld werde sich bald ersetzen, hat nur Berechtigung bei Ausgaben, zu denen der Mensch verpflichtet ist, und bei denen das göttliche Gesetz für die Prüfungen, in die sie vielleicht den Geber führen, Entschädigung verheißt, oder bei Unterstützung der Mittellosen. In allen anderen Fällen soll der Geldausgeber schleunigst die Hoffnung auf Ersatz aufgeben und vielmehr die Ausgaben bereuen und in Zukunft unterlassen.

Wisse, Geldausgaben vermögen totes Land, auf das sie geleitet werden, neu zu beleben und aus Kleinem Großes zu machen, und wenn es für die eigenen Produkte des Landes (*'ā'id al-mamlaka*) ausgegeben wird, ist es wie das Wasser, das man zu fruchtbringenden Bäumen und auf (von Unkraut) reine Saatfelder gießt, deren Gedeihen die Gegenden fruchtbar und die Länder futterreich macht; das Geld aber, das für andere als Landesprodukte ausgegeben wird, gleicht den
S. 71 Dingen, die den Pflanzen verderblich und ihrem Gedeihen schädlich sind. Du aber sei wie ein geschickter Arzt, der das Heilmittel da auflegt, wo die Krankheit sitzt, dann wird dadurch ein schönes Andenken hinterlassen und dein Name wird lange genannt werden.

Ein Kaufmann ermahnt seinen Sohn mit folgenden Worten: »Mein Sohn wisse, das Kapital ist besser als der Gewinn; die Behütung der Wurzeln bewirkt die Fruchtbarkeit der Zweige. Die ihr Vermögen verlieren, das sind immer die, welche ihre ganze Mühe dem Suchen nach Gewinn zuwenden. Am häufigsten werden die Vermögen zugrunde gerichtet durch Begehrlichkeit, durch das Liebäugeln mit trügerischen Wünschen und Hoffnungen, dadurch, daß man sich auf Verräter verläßt, daß man Kredit gibt, ohne durch den Rang des Schuldners oder ein Pfand gesichert zu sein, daß man sich täuschen läßt durch Frömmler und Betrüger, daß man den Aufschneidern und Worten ohne Beweise Glauben schenkt. Ein verständiger Mann muß sich vor allem mit Genügsamkeit wappnen, die Begehrlichkeit zügeln, sich in Familie und Ausgaben auf das beschränken, was durchaus notwendig und zur Erhaltung seines Wohlbefindens unbedingt erforderlich ist, damit seine Gier gemindert, sein Begehren und die zu große Anstrengung gemäßigt werden; denn das gehört zu den Ursachen, die den Verstand verringern, die Einsicht schwächen und den Willen erschlaffen machen; und darum ist gesagt worden: Niemand bittet eine Sache lange zur Ansicht, der ihrer völlig entblößt ist: der Nackte nimmt jeden Lumpen, sich zu wärmen und zu bedecken, und der Hungrige labt sich an jeder Speise, die ihn sättigt, der Wollüstige findet nichts häßlich, was ihm in den Gang kommt. Wer aber so handelt, wie ich gesagt habe, der wird, dem Zwange entronnen, frei wählen können, und wenn sich ihm begehrenswerte Güter darbieten, wird er das Wertvollste davon und das mit dem besten Ausgang auswählen.

Das Ausgeben gleicht einem Manne, der dich überlisten will, indem er dir wenig gibt, damit du ihm viel anvertraust, das er dann vertun kann. — Und wisse; der Jähzorn wird dem Jähzornigen schwerlich einen guten Freund zuführen, und die Not dem Notleidenden schwerlich einen schlechten. — Der Verständige soll in seiner Jugend dienen für die Zeit seines Greisenalters, wie man im Sommer dient für die Zeit des Winters, ehe er hereinbricht.

Schlechter Abgang der Ware ist immer noch angenehmer, als wenn die Leute, die sie vertragsmäßig zu liefern haben, Bankerotteure, Leute in finanzieller Bedrängnis und listige Betrüger sind. Denn der Betrüger sucht dich durch Vermehrung des Gewinnes geneigt zu machen, um ihn dann selbst an sich zu reißen. Er speist dich mit Worten ab, hinter denen du vergeblich nach einer tauglichen Tat suchst, und als Bezahlung für seine schönen Reden läßt er dich in dem Rennplatz der Versprechungen laufen, und wenn ihm dann noch der Schwur locker S. 72
sitzt und die Scham fern ist, so mußt du noch nach Schutz und Deckung suchen, damit du nicht dein Ansehen bei den Leuten verlierst, und das ist schlimmer als jede Art von Unglück im Geschäft.

Wenn du das Unglück haben solltest, daß ein Fürst mit dir verhandelt, so hüte dich, daß er etwas anderes von dir zu sehen bekommt als Ehrerbietung für ihn, die Vorsicht vor ihm und vollkommenes Vertrauen zu ihm, bei etwaigen geschäftlichen Forderungen an ihn; befleißige dich großer Gefälligkeit und liebenswürdigen Entgegenkommens und behandele alle Angelegenheiten mit Freundlichkeit, und hüte dich, mit irgendeinem, der ihm verdächtig ist, einzutreten, es sei denn, daß alle deine Listen bei ihm vergeblich gewesen wären, und konstatiere die edlen Eigenschaften deiner (Zunft)brüder und Freunde, und wer dir sonst irgend einmal etwas Gutes erwiesen hat, wie auch die Schulden deiner Kunden, und übe eine schöne Vergeltung.

Gott aber, den Mächtigen und Erhabenen, bitte ich für dich um Gnadenleitung und Wohlergehen in den Dingen der Religion und der Welt. Und du, danke Gott, dem Erhabenen, für den Wohlstand, den er dir beschert hat. Möge dich Gott machen zu einem, der bewahrt und arbeitet — nicht zu einem, der vergißt und vernachlässigt. Gott ist der Leiter zum Rechten.« Und das sei der Schluß des Buches. Der Dank gebührt Gott allein; Gott segne unseren Herrn Muhammed, seine Familie und seine Genossen, und verleihe ihm Heil!

Lebenslauf.

Ich wurde geboren am 27. Februar 1892 als vierter Sohn des Metropolitans Gottfried Ritter in Hessisch-Lichtenau. Den ersten Unterricht empfing ich auf der Volksschule daselbst. Dann bereitete mich mein Vater zur Aufnahme in die Untertertia des Kgl. Friedrich-Gymnasiums zu Cassel vor, das ich von Niederzwehren aus, wohin mein Vater inzwischen versetzt worden war, von Herbst 1904 bis Ostern 1910 besuchte und mit dem Reifezeugnis verließ.

Von Ostern 1910 ab studierte ich auf den Universitäten Halle (5 Sem.) und Straßburg (1 Sem.) orientalische Philologie, hörte daneben aber auch theologische und klassisch-philologische Vorlesungen. Zum 1. April 1913 wurde ich als wissenschaftlicher Hilfsarbeiter am Seminar für Geschichte und Kultur des Orients in Hamburg angestellt. Im Juli 1914 bestand ich die mündliche Promotionsprüfung vor der Philosophischen Fakultät in Bonn.

Meine akademischen Lehrer waren die Herren Professoren Brockelmann, Kahle, Nöldeke, Littmann, Landauer, Frank. Ganz besonderen Dank schulde ich Herrn Professor Brockelmann, der in mir die Liebe zu den orientalischen Studien weckte und festigte, und Herrn Professor Becker, unter dessen Leitung ich in Hamburg arbeiten durfte und der auch die Anregung zu dieser Arbeit gegeben hat. Endlich kann ich nicht vergessen des nunmehr den Opfertod fürs Vaterland gestorbenen Herrn Dr. Erich Graefe, dessen geduldiger Freundlichkeit ich manchen Rat und manche Hilfe verdankte.

Hellmut Ritter.

FSC
www.fsc.org
MIX
Papier | Fördert
gute Waldnutzung
FSC® C083411

Kolibri 360 GmbH
Ferdinand-Jühlke-Straße 7
99095 Erfurt, Deutschland
produktsicherheit@kolibri360.de